ジオとグラフィーの旅 ⑥

地域情報の旅

外山 秀一 著

古今書院

はじめに

　この「ジオとグラフィーの旅シリーズ」では，ジオとグラフィーという二十歳の男女を設定して，二人の会話形式で進めてゆく。このシリーズを通して，ジオとグラフィーに，地球の自然環境や自然と人とのかかわり，そしてそこに住む人びとの生活，日本や世界の状況，さらには地球や地域がかかえる問題などについて語ってもらう。

　具体的には，1「環境と人の旅」，2「自然の旅」，3「人の旅」，4「衣食住の旅」，5「東アジアとヨーロッパの旅」，そして6「地域情報の旅」という内容で，本書は「地域情報の旅」にあたる。このうち，1と2，6はジオを中心に，3と4，5はグラフィーを中心に話が展開される。二人の目という限られた視点ではあるが，少しでも多くの読者の皆様に上記の諸点を理解していただきたいと願う次第である。

　geography（ジオグラフィー）は，ジオ（土地）をグラフィック（記述する）ことから始まった。地理学というこの学問分野は，土地を媒介として，そこに生活する人とその環境，人そのもの，さらには人の育む文化などに焦点をあてて，研究が進められてきた。このシリーズでは，ジオとグラフィーの世界をいっしょに旅していただき，その思い出を読者の皆様の心に描いていただけたらと思う。

　このシリーズは，高校生以上の方を対象に，なるべくわかりやすい内容にして，理解を深めていただくことをめざしている。そのためには，従来のような章立てだけではなく，◆で示したようにサブテーマを設けて，読者の皆様が興味を持っていただくように工夫した。

　本シリーズのテーマは「自然環境と人間とのかかわり」であるが，本書の「地域情報の旅」では，大きく三つの内容を設定した。すなわち，第Ⅰ部の地理的視野の拡大と地図，第Ⅱ部の地図，第Ⅲ部の地名である。ここでは，地域情報の基礎である地理的視野と地図，地名を媒介とした地域と人とのかかわり，そしてその背景について考えてみたい。

目　次

はじめに　i

第Ⅰ部　地理的視野の拡大と地図

1．世界の地理視野の拡大と地図……………　1

　a．地域の情報　1

　b．古代ギリシア・ローマ時代　1

　　　2200年前のひらめき

　c．中世　11

　d．近代　13

　　　新大陸を発見したのはコロンブスか？

2．日本の地理的視野の拡大と地図　………　21

　a．古代　21

　b．中世　23

　c．近世　26

　　　四千万歩の男

　d．近代　29

第Ⅱ部　地　図

1．地域の情報と空間認知の違い …………　31

　　　地図が読めないのは女性だけか

2．地図の性格 ………………………………　32

　a．条件と縮尺　32

　b．種類　32

3．地形図と読図 ……………………………　40

　a．地形図の作成　40

　b．地形図の図式と記号　47

4．紙地図とデジタルマップ………………　49

　a．アナログとデジタル　49

　b．GPSとGIS　49

　c．デジタルマップ　56

　　　デジタルマップにみる過去・現在・未来

第Ⅲ部　地　名

1. 地名とは……………………………… 67

　　地名と人びとの生活

2. 日本の地名の分類…………………… 69

　　ａ．地名の分類　　69

　　銀座の由来

　　ｂ．地名の地域性　　73

3. 地名と人名…………………………… 75

　　あなたの名前の由来は？

4. 世界の地名の由来 …………………… 81

　　これで世界の地名がわかる

資料1．日本の地名の分類………………… 83

　　ａ．自然地名　　83

　　ｂ．人文地名　　90

　　ｃ．指示地名　　96

　　ｄ．その他　　96

資料2．世界の地名の由来 ………………… 97

　　ａ．川・水→堤防・橋　　97

　　ｂ．湖沼・海・島　　100

　　ｃ．山・高地　　102

　　ｄ．その他の地形・土地　　103

　　ｅ．植物・動物　　105

　　ｆ．港　　105

　　ｇ．方向　　106

　　ｈ．色　　107

　　ｉ．城壁都市・集落　　108

　　ｊ．人種・民族　　110

　　ｋ．人名　　113

　　ｌ．宗教　　117

　　ｍ．その他　　120

おわりに　　123
文献・資料　　124

第Ⅰ部　地理的視野の拡大と地図

1. 世界の地理的視野の拡大と地図

a．地域の情報

ジオ：ここでは，これまで僕たちが学んできた歴史学に，地域という視点を入れてみようと思うんだ。つまり点と線で結んできた歴史を空間という観点からみることで，地域とそこでの人びとの生活の歴史を，時・空間的に捉えることができるようになるんだ。
　　　まず，世界の地理的知識の拡大と地図の作成をみると，古代では，今のように交通機関が発達しているわけではないから，人が歩いて動ける範囲とか人びとの住む周辺，これが当時の地理的認識の範囲だったんだ。
　　　ところでグラフィー，僕たちの地理的視野は一体どんなものだろう。

グラ：20年間生きてきたけど，自宅やアパート・マンションの近辺，大学の周辺が主な地理的視野で，意外と周りのことを知らないことが多いわね。

ジオ：地理的視野や世界観をみてみると，人びとの移動手段は，徒歩からウマなどを利用したものに変わって，さらに船と航海術の発達による探険，汽車・自動車・電車・飛行機などの交通手段や通信技術の発達によって，地域情報網は飛躍的に拡大してきたよね。

グラ：現在地球上で知られていない地域はごく限られているわね。

ジオ：今では，世界の情報はインターネットやメディアを通して瞬時に世界をかけめぐっているね。

b．古代ギリシア・ローマ時代

ジオ：ここでは地理的視野の拡大と地図の発達の歴史を古い時代からみていくね。

グラ：ジオ，古代の地理的視野の状況を示すものはあるの？

ジオ：約2600年前の世界最古の地図がメソポタミアで発見されたけど，これはバビロンを中心とする円盤状の粘土板の地図なんだ（図Ⅰ-1）。これを模式図にすると，居住地を世界の中心において，海は環状に描かれていて，ペルシャ湾が三日月状になっているね（図Ⅰ-2）。

グラ：当時の世界観というのは，現在とは随分違ったものだったのね。

ジオ：次に，古代ギリシア時代の地理学は漠然と土地を描く科学で，ギリシア語でゲオグラピア（Geographia）といったんd。

図Ⅰ-1　バビロニアの世界図（竹内編 1986）

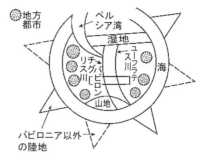

図Ⅰ-2　バビロニアの世界図の模式図
（武井 2015）

グラ：つまり，土地の状況をグラフィック，描写したり記述したりすることが当時の地理学だったのね。

ジオ：また，ギリシア時代の詩人のホメロス Homeros（前8世紀末）という人の叙事詩に，『オデュッセイア』24巻というのあるんだ。これは，イタケーの王だったオデュッセウスがトロイ戦争の後10年間放浪するけど，その旅物語がこのオデュッセイア。「トロイの木馬」（図Ⅰ-3）の戦略を考え出したのが，このオデュッセウスなんだ。

グラ：オデッセイという言葉があるけど。

ジオ：これはこのオデュッセイアからきているんだ。アポロ13号の司令船は「オデッセイ」，「チャイニーズオデッセイ」というと「西遊記」，「オデッセイ」という映画では，火星に取り残された宇宙飛行士が一人で生き延びて，その後救助されるというストーリーなんだよ。
　先程のホメロスのもう一つの叙事詩に『イーリアス』というのがあって，これは10年間のトロイ戦争の最後の数週間の神々と人間の姿を描いたものなんだ。

図Ⅰ-3　TROY（松竹株式会社事業部編 2004）

　次に，当時の地球観をみると，円盤状の地球が海に浮いているという地球円盤説が支持されていたんだ（図Ⅰ-4）。ここには，ギリシアを中心とした地中海沿岸地域が描かれていて，太陽が東の海から昇って西の海に沈む。周りの海の果ては断崖状

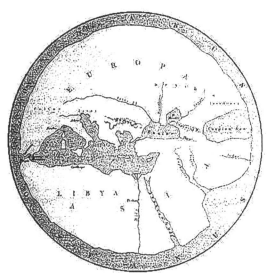

図Ⅰ-4　ヴィクトリア時代の挿絵
（丸善エンサイクロペディア大百科編集委員会編 1995）

図Ⅰ-5　ヘカタイオスの地図（澤近 2008）

の滝になっていて，その滝から海水が流れ落ちているという地球のイメージだったんだ。その証拠に，船が水平線までいくと崖から落ちて見えなくなると当時の人びとは考えていたんだ。

グラ：実際には，地球が球体だから船が沖にいくと，船体からマストの順に徐々に見えなくなるわね。

ジオ：でも当時は，船が断崖状の滝から落ちたんだと考えられていて，海の果ての情報がなかなかつかめなかったんだね。こうした地球円盤説に対して，アナクシマンドロス Anaximandros（前610頃～前546年）は地球円筒説を唱えるんだ。

さらに，ヘカタイオス Hekataios（前550頃～前476年頃），彼は「地理学の祖」といわれ，『世界誌』を著した人で，地球円盤説によるギリシアを中心とした地中海周辺の地図を描いているんだ（図Ⅰ-5）。当時の海は，地中海と黒海，カスピ海で，ヨーロッパとアジアに二分されていて，アフリカはアジアの一部とされていたんだ。

グラ：周囲はオケアノス，オーシャン（大洋）によって囲まれているのね。

ジオ：また，ヘロドトス Herodotos（前484頃～前425年頃）は「歴史学の祖」といわれ，『周航記』や『歴史』という本を著している。ヘロドトスの世界地図では，大地を平板つまり長方形とみなしているんだ。

グラ：彼の言葉に，「エジプトはナイルのたまもの」とあるよね。

ジオ：ナイル川は全長約6700kmの世界最長の川で（図Ⅰ-6），この言葉はナイル川の水源の気候と雨の量に関係しているんだよ。南の白ナイルの水源はビクトリア湖で，Aw（サバナ）という熱帯気候で，夏に雨が降る。これに対して，北の青ナイルの水源はタナ湖で，Cwという温帯で，これも夏に降雨があるんだ。

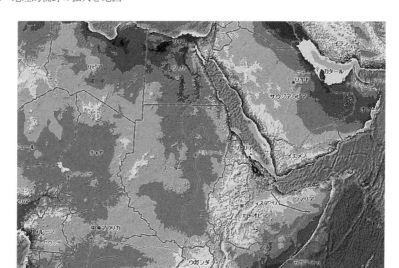

図 I-6　ナイル川流域（マイクロソフト 2001）

　　　　夏に上流域で降った雨が，肥沃な土砂を上流から運んで約 1 か月後の秋に洪水となってナイルデルタに堆積させる。これがコムギなどの作物の栽培に適した土壌となったんだ。
　　　　ただ，ヘロドトス本人はナイル川の水源とか，こうした降雨の季節的な変化のことを理解してはいなかったようなんだ。
　　　　このナイル川も，その後のアスワンダム・アスワンハイダムの建設によって，土砂が下流に流れなくなって河口のデルタが縮小しているし，肥沃な土地ではなくなりつつあるんだ。
グラ：……。

ジオ：次に，ヒッポクラテス Hippokrates（前 460 頃〜前 375 年頃），彼は『空気・水・場所について』という書物で，人間や民族と環境との関係を著して，「環境論の祖」といわれているんだ。
　　　　こうした時期にピタゴラス Pythagoras（前 582 頃〜前 497 年頃）がでてきて，彼の時代になってようやく地球球体説が主張されるんだ。このピタゴラス，彼は「ものの形のうちで最も完全なのは球である。つまり Ball である」と定義する。こうした物理学的な発想から，「自分たちの生きているこの世界が完全なものであるという以上は，球の形をとるのが当然」と結論づけているんだ。
グラ：大胆な発想だけど，「この世界が完全なものである」という前提条件が理解できないね。

ジオ：彼自身はこの地球球体説を実証した訳ではないんd。それを実証した男がアリスト

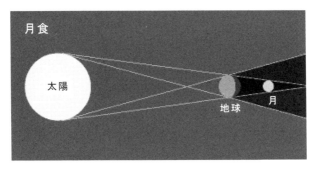
図Ⅰ-7　月食のしくみとはたらき（日本博物館協会 HP 2018）

テレス Aristoteles（前 384～前 322 年）で，彼はアレクサンドロス Alexandros（前 356 頃～前 323 年）の家庭教師までつとめた人なんだよ。

彼は月食の際に月に写る地球の影（図Ⅰ-7）とか，北極星の地域的な角度の違い，つまり北半球の各地で見上げる北極星の角度が地域によって違うということから地球球体説を実証したんだ。さらに彼は，地表を五つのゾーンに区分しているんだ。

グラ：その基準は何なの？

ジオ：まず極と極圏（66°33'）との間，ここは寒さのために人の住めない寒帯，次に極圏と回帰線（23°27'）との間，ここは人の住み得る温帯，さらに両回帰線の間，ここは暑さのために人の住めない熱帯としたんだ。このように，気温と人間の居住との関係で，地域を北半球と南半球あわせて五つの気温ゾーンに区分したんだよ。

こうして，地球球体説をアリストテレスが実証し，それを検証したのが次のエラトステネス Eratosthenes（前 276～前 194 年）なんだ。

◆ 2200 年前のひらめき

ジオ：当時は数理地理学や天文地理学が発展した時代で，エジプトにエラトステネスという人がいたんだ。地中海に面するアレキサンドリア（図Ⅰ-8）のムセイオンといって，これは学堂や博物館，美術館を意味するミュージアムの語源なんだ。このムセイオンの図書館長をつとめたのがこのエラトステネスで，彼は数理地理学を大成し，また世界地図の基礎をつくった人でもあるんだ。

彼の著書にゲオグラピア Geographia『地理学覚書』というのがあって，これは地理学を意味する言葉を題名とした最初の書物といわれている。この本では，地球の形状や気候といった自然的なものが記載されているんだ。また『地球の測定』という本で，彼は天文学的な方法や幾何学的な方法によって地球の円周を測定しているんだよ。

ジオ：カール・セーガンの『COSMOS（宇宙）』という本（図Ⅰ-9）にエラトステネスの「2200 年前のひらめき」が紹介されているんだよ。「地球を測った男」という節で

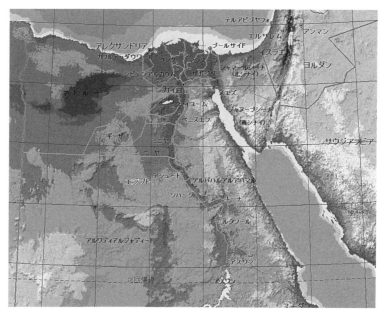

図Ⅰ-8　エジプト（マイクロソフト 2001）

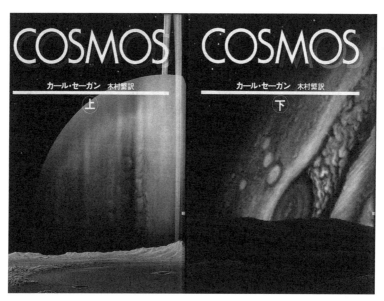

図Ⅰ-9　COSMOS（カール・セーガン 1980）

以下のように説明しているんだ。

そのころ，アレキサンドリアに，エラトステネスという男が住んでいた。（中略）彼は，アレキサンドリア図書館の館長も勤めていたが，そこで，ある日，パピルスの本を読んだ。その本には，ナイル川の第1の急流に近いシエネという南方の辺境駐留地の話が出ていた。そこでは，6月21日の正午には，垂直に立てた棒には

影ができないというのである。1年のうちでもっとも昼の長い夏至の日に，時刻が正午に近づくと，寺院の円柱の影はしだいに短くなり，正午には，消えてなくなる。そして，太陽は深い井戸の水面にも自らの姿を映している。太陽は真上にくる，というのであった。

それは，ふつうの人なら見逃してしまうようなことだった。棒，影，井戸の水面の反射，太陽の位置などという，ありきたりの日常の出来事に，どれほどの重要性があるというのか。しかし，エラトステネスは科学者であった。彼は，このようなありきたりの出来事をじっくりと考え，世界を変えてしまった。いや，世界を造りあげたのだった。

エラトステネスは，実験をする心を持っていた。彼は，アレキサンドリアで垂直に立てた棒が，6月21日の正午に影を落とすかどうかを観察した。そして，棒は影を落とすことを発見した。

エラトステネスは考えた。同じ時刻に，シエネの棒は影を落とさず，ずっと北のアレキサンドリアの棒はくっきりと影を落とす。それは，なぜだろうか。ここで，古代のエジプトの地図を考えてみよう。そして，同じ長さの棒をアレキサンドリアとシエネとに1本ずつ垂直に立ててみよう。そして，同じ時刻に，二つの棒がともに影をまったく落とさないと想像してみよう。この場合は，地球が平らであると考えれば，きわめてたやすく理解できる。太陽は，このとき，真上にあるわけだ。

もし，2本の棒が同じ長さの影を落とすとしたら，この場合も，地球が平らなら筋の通った話となる。太陽の光は，2本の棒に対して同じ角度だけ傾いているわけだ。しかし，同じ時刻に，シエネの棒は影を落とさず，アレキサンドリアの棒は，はっきりした影を落とす。これは，いったい，どういうことなのか。

ただ一つの答えは，地球の表面が曲がっていることだ，と彼は考えた。それだけではなく，曲がりかたが大きければ大きいほど，影の長さの差は大きくなる，と彼は考えた。

太陽は非常に遠く離れているので，その光が地球に届くときには，平行光線となっている。したがって，太陽光線に対して，違った角度で棒が立っていれば，影の長さに差ができる。シエネとアレキサンドリアとで生じる棒の影の長さの違いは，地球の表面にそって7度の差に相当するものだった。2本の棒が地球の中心まで伸びていると考えれば，この2本の棒は，中心のところで，7度の角をなして交わるはずである。7度というのは，地球の全周360度の約50分の1である。

エラトステネスは，ひとりの男を雇って，アレキサンドリアからシエネまでの距離を歩幅で測らせた。その距離は800キロであった。それを50倍すれば，4万キロとなる。これが，地球の周囲の長さに違いない。

それは，正しい答えであった。エラトステネスが使った道具は，棒と目と足と頭脳と，それから実験をする趣味とだけであった。それだけで，彼は，地球の周囲の長さを数パーセントの誤差で算出した。2200年も前の業績としては，すばらしいもので

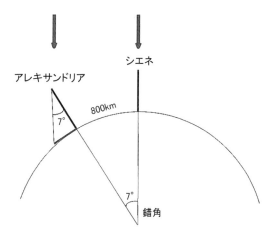

図Ⅰ-10　地球の周囲測定の模式図

あった。彼は，一つの惑星の大きさを正確に測定した最初の人間であった。

『COSMOS 下』より

ジオ：シエネというのは，現在のアスワン（図Ⅰ-8）で，このシエネとエラトステネスがいたアレキサンドリアの位置に注目してみて。

エラトステネスがひらめいた条件は三つで，まずその日が夏至の日であったこと。グラフィー，夏至の日の太陽の位置は？

グラ：北回帰線の真上。

ジオ：そうだね。アスワンの南に北回帰線が走っているよね。太陽光線は地球上では平行光線となるので，夏至の日の正午に北回帰線付近のシエネ（現在のアスワン）とアレキサンドリアで立てた棒の影の状態を調べたら，シエネには影はできずにアレキサンドリアでは影ができて，その角度が7度だったんだ（図Ⅰ-10）。

さらに，両地点間の距離が5000スタジア，約800キロであったこと。この7度というのは，360度分の約50分の1で，その7度が約800キロだから50倍して約4万キロ。ちなみに，子午線の距離は40008km6m，赤道の周りの距離は40075km161mだね。

グラ：つまり，エラトステネスは，夏至の日の正午にシエネとアレキサンドリアで立てた棒の影の状態とその角度，そして両者の距離でもって地球の周りの長さを導き出したのね。

ジオ：そう。

1mという単位があるけど，グラフィーが認識している1mの幅はどれ位か示してみて。

グラ：これ位かな……。

ジオ：当初は40008km6mの子午線を一周する長さの約4千万分の1，これが1mとして設定されたんだ。でも最近では，「1秒の299792458分の1の時間に光が真空

図Ⅰ-11　カルタゴ（マイクロソフト 2001）

中を伝わる距離」と定義されているんだよ。

グラ：？……。

グラ：ところでジオ，当時の人びとの世界観はどうだったの？

ジオ：ヨーロッパを中心とした地理的視野の拡大とその要因をみてみると，大きく三つあげられるんだ。

まず，フェニキア人によるカルタゴの建設で，カルタゴはアフリカのチュニジアの首都チュニスの近くにあって（図Ⅰ-11），「新しい町」という意味だけど，このカルタゴでの貿易植民地の建設があるんだ。

次に，マケドニア王のアレクサンドロスによる10年あまりのペルシア遠征（前334〜前323年）があって，これによって，西洋のギリシア文化と東洋のオリエント文化を融合させたヘレニズム文化が誕生し，そして発展するんだ。

さらに，ローマによる周辺地域の征服があって，これによって古代ヨーロッパの地理的視野が拡大していったんだ。

ジオ：次に，ローマ時代になると，ヒッパルコス Hipparchos（前190頃〜前120年頃）は子午線と赤道を360等分して経緯度線を考案したんだ。ただし，当時は観測することができなくて，作図といって地図をつくることには失敗しているね。

彼は，北半球の太陽からの日射角に基づいて12の緯線を設定して，これをクリマータ Klimata（傾く）としたんだ。

グラ：気候のことを Climate というけど……。

ジオ：気候というのは緯度や太陽からの日射角によって気温が異なるということからきているんだ。

また，ストラボン Strabon（前64頃〜後21年頃）は『地理書』（ジオグラフィカ Geographika）17巻を著した人で，彼は地誌的な地理学を総合して，古代における

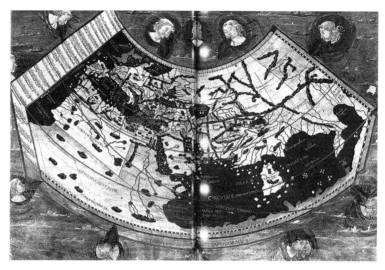

図 I -12　プトレマイオスの世界図（山口・品田編 1984）

　　　　地理学を大成するんだ。1 巻と 2 巻は数理地理学と自然地理学で，3 巻以下は地誌で，各地の風俗や習慣などの人文的なものが記されているね。

ジオ：この時代には地球と宇宙との関係が議論されて，地動説と天動説という考え方がでてくるんだ。ギリシアのアリスタルコス Aristarchus（前 310 頃～前 230 年頃）は，太陽中心説（地動説）を唱えて，太陽の大きさを地球の約 300 倍と見積もったけど，実際には 109 倍の大きさだね。
　　　この地動説に対して天動説。

グラ：これは，全ての星は地球を中心に円運動をしているという考えよね。

ジオ：そう。また，プトレマイオス Ptolemaios（トレミー Ptolemy）（90 ～ 168 年）は，その著書『アルマゲスト』で天動説を説いていて，星や惑星の位置が詳しく記載されているし，「トレミーの星座」として 48 の星座にまとめたんだ。これが，1930 年の国際天文学連合で，88 の星座に修正されるんだ。この天動説は，その後キリスト教的な世界観のもとで，中世まで 1000 年以上も長く支持されることになるんだよ。
　　　また，彼は経緯線入りの地図を考案して（図 I -12），これが近世の世界地図の基礎となったんだ。この図には 12 の方位を示す神風が描かれているね。

グラ：それまでの世界地図に較べて世界観が拡大しているわね。

ジオ：ただ，インド洋が地中海になっていたり，セイロン島が大きく描写されているね。また，地球全体の大きさを小さく見積もっていて，西のカナリア諸島から東の中国までの世界の半分しか描かれていないね。さらに，アフリカの南方はテラ・インコグニータ（未知の世界）になっているんだ。

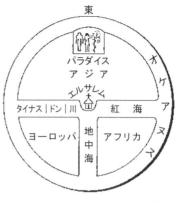

図Ⅰ-14　TOマップ（武井 2015）

図Ⅰ-13　T・O図（竹内編 1986）

c．中世

ジオ：次に，中世のヨーロッパの場合，5～15世紀の約10世紀の間をいうけど，この時期にキリスト教的世界観が台頭してくるんだ。

　　　これは聖書の記述を真理とする立場で，非科学的・神学的な世界観で，これによって地理的視野が後退していくんだ。科学の暗黒時代ともいわれていて，当時の世界観を典型的に示すものとしてTOマップというのがあるんだ（図Ⅰ-13）。この地図には，トルコのアララト山の山頂にノアの方舟，ノアの息子たちのセム，ハム，ヤフエテが描かれているね。

　　　TOのTの一つはタナイス川で現在のドン川，そして紅海と地中海とでT字型に表されていて，これらによってアジア・ヨーロッパ・アフリカに3区分されている。また，OはOkeanosでのちのOcean大洋だね（図Ⅰ-14）。

　　　元来，キリスト教の教会は東を礼拝の方角として建てられたけど，地図の東の果てにパラダイス，オリエントがあって，オリエントはラテン語の「太陽の昇る地」という意味なんだ。

グラ：オリエンテーションという言葉があるけど。

ジオ：これは新入生への指導，「一定方向にむける」という意味だね。このTOマップを，紀元前6世紀頃のヘカタイオスの地図（図Ⅰ-5）と比較してみると，千年以上も前の世界図に較べて非科学的・神学的な世界観であるというのがよくわかるよね。

ジオ：キリスト世界が後退していくなかで，このイスラム世界の発展が顕著になるんだ。

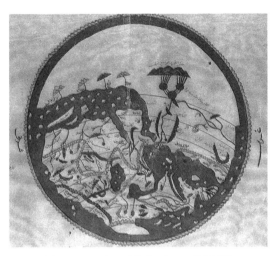 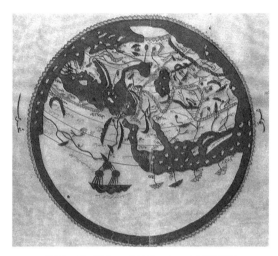

図Ⅰ-15　アル・イドリーシーの世界図①
（竹内編 1986）

図Ⅰ-16　アル・イドリーシーの世界図②
（竹内編 1986）

　　　つまり，通商や交通が発達してアジア地域の地理的視野が拡大していき，また，回教（イスラム教）地理学が発達して，地球球体説の継承と発展がみられるんだ。
　　　具体的にみると，まずアル・イドリーシー Al Idrisi（1100～1165年）で，彼は北アフリカから西アジア各地を旅行した人で，シシリーというイタリアのシチリア島のノルマン王朝（シチリア王国）のロジェル（ルッジェーロ）2世に仕えて，地理学書である『ロジェルの書』を著わして，副題を「全世界を旅したいと熱望する人の楽しみ」としたんだ。
　　　またこれは，当時のイスラム世界の地球観で（図Ⅰ-15），南が上つまり聖地のメッカの方位が南になる。イドリーシーが最初に描いた世界図は銀板に描かれたもので，1154年に作成されているんだ。
グラ：上下逆だね。
ジオ：こうした方が見やすいね（図Ⅰ-16）。アフリカの東端に黄金の国ワクワクが描かれていて，これは「倭国」つまり日本ではないかという説があるんだ。

ジオ：次に，モロッコのイブン＝バットゥータ Ibn Battuta（1304～1368年頃）。彼は，アフリカから西アジア，南アジア，東アジアにかけて約12万kmを旅するんだ。1355年に口述筆記によって，『三大陸周遊記』を著すけど，これはイスラム商人の活躍を描いたものだよ。
　　　そして，イタリアのマルコ＝ポーロ Marco Polo（1254～1324年）。彼は元（現在の中国）でフビライに仕えて，帰国後に戦争に従軍するんだ。そして，ジェノバとの戦いに敗れて投獄され，その時に口述筆記させたのが『東方見聞録』だよね。このなかで，黄金の国 Zipangu（Japan）を紹介しているんだ。
　　　実はマルコポーロのその後の探険は，この「ジパング」つまり日本が目的の一つだっ

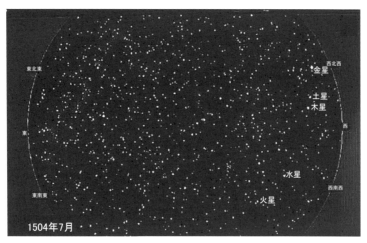

図Ⅰ-17　惑星大集合（Yahoo HP 2018）

たとされているんだよ。この「黄金の国ジパング」の存在というのは，その後の新大陸や新航路の発見に大きな影響を与えることになるんだ。

こうしてみると，人間の真理はどこでもいつの時代でも同じだね。ゴールドラッシュなどもそうで，カリフォルニアのゴールドラッシュでは，これによってフロンティアつまり西漸運動に拍車がかかるし，オーストラリアのゴールドラッシュでは，内陸部のカルグールリーやクールガーディーで金鉱脈が発見されてからオーストラリアへの移民と開発につながっていったんだ。

d．近代

ジオ：そして，その後のヨーロッパは中世の暗黒時代を経てルネサンス（「再生」・「復活」）の時代に入るんだ。

そしてこの時期に，ニコラウス・コペルニクス N.Copernicus（1473～1543年）が現れるんだ。彼はポーランド北部のトルニ（トルン）の出身で，聖職者になるためにイタリアのボローニャ大学で天文学を学んで帰国する。

そして，1504年の7月に惑星大集合（図Ⅰ-17）という現象が生じて，火星・水星・木星・土星・金星，これらの五つの惑星が斜めにしかも一列に並ぶ現象を観察するんだ。ところが，これはプトレマイオスの『アルマゲスト』の惑星の位置とは一致せず，天動説の問題点を指摘したんd。

そして，太陽を中心において地球と他の惑星を動かしてみると，太陽を中心に同心状に回ることを発見して，地動説を主張するんだ。

グラ：これが，コペルニクス的転回ね。

ジオ：そう。物事の見方が180度変わってしまうことをたとえた言葉だね。聖職者だった彼は天動説を批判することに葛藤したけど，晩年に出版した『天球の回転につ

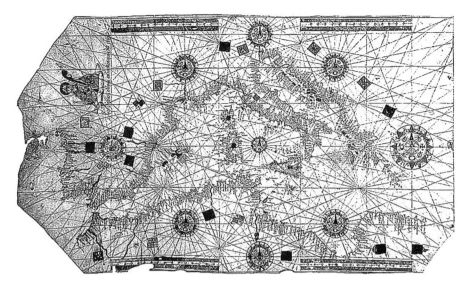

図 1-18　ポルトラノ海図（杉浦 1991）

　　　いて』という本のなかで地動説を唱えるんだ。のちに，彼は「地球を動かし太陽を止めた人物」といわれるようになったんだ。
　　　また，イタリアのガリレオ・ガリレイ G.Galilei（1564～1642年），彼は「振り子の当時性」を考案した物理学者で，『天文対話』を 1632 年に著している。
　　　彼は地動説に強い影響を受けて，その本で地動説を主張したけど，教会によって地動説を支持する人たちに対する弾圧と投獄がおこなわれて，宗教裁判（1633 年）にかけられ，そして天動説を承認させられる。その時につぶやいたあの有名な言葉。
グラ：「それでも（地球は）動いている」。
ジオ：そう。ただ本当にこうつぶやいたかどうかは，どうも定かではないようだね。
グラ：……。
ジオ：2005 年に亡くなられたヨハネ・パウロ 2 世は，このキリスト教会による弾圧と宗教裁判の非を認めて謝罪され，またダーウィンの進化論についても法王として初めて肯定をされたんだ。

ジオ：こうした時期にポルトラノという海図が作成されるんだよ。これはイタリア語の Portolano つまり「港の本」という意味で，この海図によって大航海時代へと発展していくんだ。この図は地中海沿岸地域のイタリア半島周辺を示しているけど（図Ⅰ-18）。
グラ：各地点では 32 方向の磁石方位線が描かれているね。
ジオ：磁石は，すでに 2 世紀に中国で使用されていたけど，13 世紀頃に磁石方位線の入った航海用の海図（ポルトラノ海図）が作成されるんだ。これは，正角図法といって，目的地まで一定の角度で進めば到達できるという航海用の海図で，羅針盤が改

良されたことでつくられはじめて，17世紀の初め頃まで利用されることになるんだ。この羅針盤の改良とポルトラノ海図の作成によって，14世紀には大航海時代へと発展していくんだ。

グラ：新航路と新大陸が発見されていったのね。

ジオ：そしてその後，150年にわたって探険航海の歴史つまり大航海時代が続いて，地理学史・探険史・土地発見の時代といわれるんだ。

　　その背景には，ジェノバを中心とするイタリアの諸都市の繁栄があって，イタリアの資本と技術と知識，これが大航海時代の基礎をつくったといわれている。

　　その後，ポルトガルによる海外進出やスペインによる新大陸の征服と開発が続くことになるのね。例えば，スペイン人のフランシスコ・ピサロ F.Pizarro（1470頃～1541年）は，わずか170人の兵と30頭の馬でペルーのインカ帝国を滅ぼした（1532年）とされているよね。

◆ 新大陸を発見したのはコロンブスか？

ジオ：次にクリストファー・コロンブス C.Columbus（図Ⅰ-19），イタリア名はクリストフォロ・コロンボで，彼はジェノバの出身だけど，生まれた年は1451年とされ，1506年の5月20日に亡くなっている。

　　マルコポーロの『東方見聞録』の影響を受けて，彼の航海の目的は黄金の国とされていたジパング Zipangu（日本）への憧れであり，そしてキタイ Qitai つまり中国とインディアス Indias（東アジア）の発見だったんだ。

　　このインディアスには香料諸島があるといわれていて，当時ヨーロッパでは，この香料は肉の保存のための必需品で銀に匹敵するほどの価値があるとされていたんだ。彼は，航海に際してヨーロッパから東アジアまでを描いたトスカネリ Toscanelli（1397～1482年）の世界地図（図Ⅰ-20）を参考にしたんd。この世界地図には，東の端にジパングがアンティリア（仮想の島）として描かれているんだよ。

　　だから，「西回り航路をとれば，ジパングやキタイは近いではないか」というのがコロンブスの発想で，航海に出たんだ。

グラ：これが新大陸発見の契機となるのね。

ジオ：コロンブスは大西洋やカリブ海をはじめとして計4回の航海をしているんだよ。彼は東アジアの地域を，インディアスと考えていたので，彼の訪れたカリブ海の諸島は，現在西インド諸島とよばれているんだ。

　　彼はトスカネリの地図をたよりに，1492年，日本では戦国時代の始まる頃に，スペインのパロス港を出航して，2か月後にバハマ諸島のサンサルバドル島（現在のワトリングス島）に到着した，とこれまではいわれてきたよね。

　　ところが，最近新説が発表されて，到着したのは同じバハマ諸島の104km南にあるサマナ島ではないかとされているんだ。

図Ⅰ-19 コロンブス（竹内編 1986）

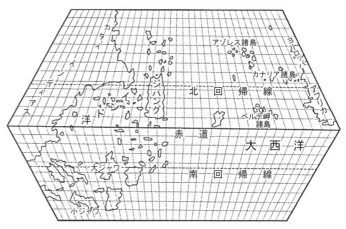

図Ⅰ-20 トスカネリの地図（歴史の謎研究会 2007）

グラ：なぜ？
ジオ：これは，彼の航海日誌に基づいて，航路をコンピュータ解析した結果明らかになったんだ。彼は，4回目の航海で南米大陸を発見するけど，それが新大陸であることを知らずに，キタイと信じて1506年に亡くなるんだよ。
グラ：この4回目の航海の目的というのは，先程の香料諸島への海峡探しだったのね。
ジオ：そして，コロンブスの大きな功績，それは穀物と家畜をヨーロッパと南米に伝えたことなんだ。つまり，ヨーロッパからは小麦や牛や馬を，南米からはジャガイモやトウモロコシを伝えた。実は，このトウモロコシの伝播がヨーロッパでの穀類の栽培とヨーロッパの食生活に大きな変化をもたらすことになるんだよ。

ジオ：そして，アメリゴ・ヴェスプッチ Amerigo Vespucci（1454～1512年）。彼はフィレンツェの生まれで，コロンブスと同じイタリアの出身だね。1498年に，イスパニアの遠征隊に加わって南米北岸の現在のベネズエラに到達したんだ。そして，1501年に今度はポルトガル王の探検隊に加わって，ブラジルに到達し，のちに『新世界』を著すんだけど，このことが，ドイツのヴァルトゼーミュラーM.Waldseemüller（1470頃～1520年）の共著『宇宙誌入門』で紹介されたんだ。そして，ヴァルトゼーミュラーは，このアメリゴ・ヴェスプッチにちなんで，この地をアメリカさらにはアメリカ大陸とするとし，彼の世界地図にはアメリカと書かれていて，西海岸が詳しく描かれているんだ。
　1992年に，「アメリカ大陸発見500周年祭」が開催されたけど，誰が最初にこの新大陸に到達したのかをめぐって，コロンブス派と反対派が対立したことがあるんだ。
グラ：その反対派は？
ジオ：まず，アイスランド生まれのノルマン人のレイフ・エリクソン Leif Erikson（970

図Ⅰ-21　1421
（ギャヴィン・メンジーズ 2003）

頃～1020年頃）という人が1000年頃にヴィンランド（現在のニューファンドランド）に上陸したといい，次にアイルランドでは僧侶が最初に上陸したんだといい出し，さらにはバイキングがすでに訪れていると主張したんだ。極めつけは，コロンブスの探検隊のマストにいた水夫のロドリーゴ・デ・トリアーノ Rodrigo de Triano（不詳）という人の子孫が「最初に大陸を発見した」と主張したんだ。彼はマストの見張り番だったんだよ。

グラ：……。

ジオ：こうなるともうドロ沼だね。しかもこの対立が，国連の通常総会にかけられるという騒ぎに発展したんだ。2006年は「コロンブス没後500年祭」にあたっていたけど，大きな問題にはならなかったようだね。

ジオ：そして最近，この新大陸発見に新説がでてきたんだ。グラフィー，この1421という年に注目してね。

グラ：1421？

ジオ：コロンブスよりも約70年も前にアメリカに到達した人たちがいて，それが中国人だというんだ。

グラ：……。

ジオ：当時，中国は明の時代で，永楽帝は海洋帝国の建設を目的としていたんだ。永楽帝の命を受けた鄭和（1371～1434年）率いる四つの大船団，これは宝船やジャンク船などで世界の地理情報の収集のために，世界各地に向かって船出をしたんだ。その詳細は，『1421』（図Ⅰ-21）という本に書かれているけど，カリフォルニア州のサクラメント川の流域で，地中レーダーの調査の結果，船の埋没していることが明らかになったんだ。発掘調査でジャンク船が出てくれば，そしてさまざまな遺物の炭素14の年代測定の結果，1421年以前だったら。

グラ：大航海の歴史が塗り替えられる……。

ジオ：次にポルトガル出身のヴァスコ・ダ・ガマ Vasco da Gama（1469～1524年）についてみると，彼は，1498年にアフリカ南端周りのインド航路を開拓してインド南部のカリカット（現コジコーデ）（図Ⅰ-22）に到達して，その後ポルトガルはこのインドを中心とした香辛料の貿易を独占していくことになるんだ。

ところで，このインド航路の発見というのは，ポルトガルのバルトロメウ・ディアス B.Diaz（1450頃～1500年）のアフリカ南端の喜望峰の発見（1488年）がきっかけになった，とされてきたけど。

グラ：中国人の航海によって，喜望峰は1420年代にはすでに確認されていたことになる

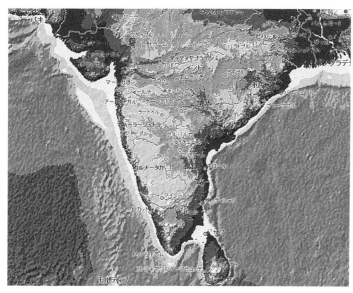

図Ⅰ-23　マゼラン（竹内編　1986）

図Ⅰ-22　カリカット（マイクロソフト　2001）

　　　　わね。
ジオ：ディアスはこの喜望峰を確認することによって，インド航路の可能性を示唆するんだ。
グラ：それはなぜ？
ジオ：ディアスはポルトガルを出航してアフリカ大陸に沿って南下するけど，その際に太陽の昇る方向は左手だね。ところが喜望峰を越えると右手に変わったのね。つまり，ここから東に航海すれば，インドにたどり着くと考えたんだ。

ジオ：一方，ポルトガルのフェルディナンド・マゼランF.Magellan（1480頃～1521年）（図Ⅰ-23）とその一行は西回り航路で，大西洋，太平洋，インド洋を経て世界一周を果たすんだ。
　　　　黒のラインがマゼラン一行が航海したルート（図Ⅰ-24）で，マゼランはスペインを出発して，パタゴニアの南端に海峡を発見するんだ。
　　　　これは1542年頃の世界の状況で，マゼランはコロンブスの探険の成果をスペイン王のカルロス1世に報告して，西廻り航路を提案するんだ。マゼランの目的は，もちろんジパングの黄金とキタイやインドの香辛料だった。そして，西廻り航路をとって南米大陸の南端に海峡を求めるんだ（図Ⅰ-25）。
　　　　この地域はフィヨルドとよばれる氷河の侵食を受けた地形が発達していて，入り組んだ海岸が多いね。この入り江を何度も往来して，約1か月かかってついに1520年パタゴニア南端に海峡を発見したんだ。
グラ：これがのちにマゼラン海峡とよばれるのね。
ジオ：でも，もし彼が中国人のつくった地図を持っていたとすると，海峡名はマゼランで

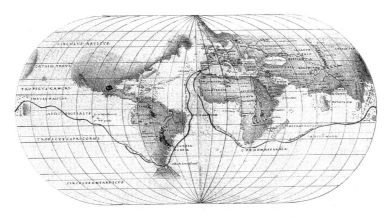

図Ⅰ-24　アニヨーゼの世界図（織田 1991）

図Ⅰ-25　マゼラン海峡（マイクロソフト 2001）

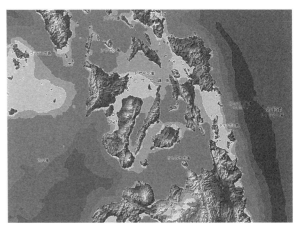

図Ⅰ-26　セブ島（マイクロソフト 2001）

　　　　はなくて，中国人の名前がつくことになるね。
グラ：……。
ジオ：そしてマゼラン一行は98日をかけて太平洋を横断してフィリピンのセブ島（図Ⅰ-26）に着くけど，マゼラン自身はこのセブ島の近くのマクタン島で殺害されたんだ。マゼランは，キリスト教の布教を強硬に推し進めたために，地元の部族と対立して殺され，そしてその後スペインに帰国したのは265人中わずか18人だったといわれているんだよ。
グラ：……。
ジオ：こうした大航海によって得られた地理的知識を記載したのがミュンスター Münster（1489～1552年）の著した『コスモグラフィエ Cosmographie 宇宙誌』なんだ。こうした新航路と新大陸の発見によって，世界各地の状況が徐々に明らかになるとともに，世界地図の作図法の開発によって地理的知識がさらに拡大し，地図学の発展に大きく寄与することになるんだよ。
　　　　また，ドイツの地理学者のマルチン＝ベハイム M.Behaim（1459～1507年）は，

20　第Ⅰ部　地理的視野の拡大と地図

図Ⅰ-27　ベハイムの地球儀（山口・品田 1984）

図Ⅰ-28　メルカトルの世界図（織田 1985）

トスカネリの地図を利用して直径51cmの最古の地球儀を作成しているね（図Ⅰ-27）。

ただ，アフリカ南部やオーストラリアの位置と形・大きさが不正確で，カスピ海やペルシャ湾，セイロン島などが大きく描かれているんだ。地球儀といえども，当時はまだ正確さを欠いたものだったんだね。

また，グラルドゥス・メルカトルG.Mercator（1512〜1594年）は地図学の発展に大きく貢献した人だけど，彼は円筒図法を展開して世界地図を作成したんだ。

グラ：円筒図法？

ジオ：地球を円筒の中に入れたとして，それを平面の地図に広げてみたんだ。これは，正角図法といって2点間の等角航路が直線で描かれるんだ。つまり，同じ角度で航行すれば目的地に着くことができることからポルトラノと同じように海図として利用されたんだ。

グラ：32方向の磁石方位線が描かれているね。

ジオ：ただし，低緯度地域は正確だけど高緯度地域の歪みが大きいという欠点があるんだ。この図は，東アジアから東南アジアにかけての部分で，16世紀の日本列島の状況が描かれているね（図Ⅰ-28）。

ジオ：そしてその後18世紀になると，産業革命による技術の進展と並行して，地図学や地質学，海洋学，気候学，生物学などの自然科学が飛躍的な発展をとげることになるね。

2. 日本の地理的視野の拡大と地図

a．古代

ジオ：次に，わが国の地理的視野の拡大と地図についてみていくと，まず古代には「天竺図」というのが描かれているんだ。これは仏教系の世界地図で日本と唐，そして天竺（インド）。これが当時の世界観で，これについては，『自然の旅』の「足摺岬」のところで話をしたよね。
　また，奈良時代の国別の地誌の『風土記』。これは，和銅6年（713年）に諸国の国司に命じて，郡名や郷名，地名とその由来や伝説，物産，山川原野といった地域の概況を記録して報告させたもので，これは日本最初の地誌で，郷土の地理書だったんだ。

グラ：都道府県史や市区町村史のもとになるものね。

ジオ：次に行基（668～749年）についてみると，彼は全国を行脚して，最古の日本総図を作成したといわれていて，それが行基伝説と結びついて行基図となっているんだ（図Ⅰ-29）。写図として最も古いのは，京都の仁和寺に所蔵されている鎌倉時代末（1305年）の図で，重要文化財に指定されているね。

グラ：上下逆になっていてわかりづらいね。

ジオ：逆にみると（図Ⅰ-30），この図には山城を中心に五畿七道つまり畿内の山城，大和，河内，和泉，摂津と東海道，東山道，北陸道，山陽道，山陰道，南海道，西海道，そして国ぐにの位置関係が描かれているね。

グラ：俵をならべたような形ね。

ジオ：これが当時の日本の空間認識だったんだ。ところで，この行基伝説は日本各地に伝わっているんだ。

グラ：浦島伝説や徐福伝説と同じね。

ジオ：行基は，東大寺の大仏の造営や大阪府の狭山池をはじめとして，各地の池や溝を掘

図Ⅰ-29　行基図①（織田 1985）

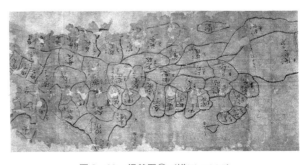

図Ⅰ-30　行基図②（織田 1985）

22　第Ⅰ部　地理的視野の拡大と地図

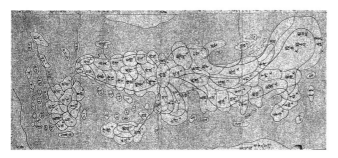

図Ⅰ-31　南瞻部洲大日本国正統図①（織田 1986）

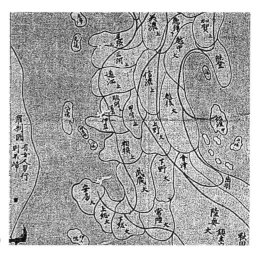

図Ⅰ-32　南瞻部洲大日本国正統図②（織田 1986）

　　　ったり，寺や道路，橋の修築などの土木事業を指揮したとされているんだ。
　　　同じ行基図でもいろいろあって，これは奈良の唐招提寺にあるもので，南瞻部洲大日本国正統図（16世紀半ば）というものなんだ（図Ⅰ-31）。
グラ：これもやはり山城を中心に五畿七道と各国の位置関係が示されているわね。ジオ，南瞻部洲というのは？
ジオ：伝説にいうところの「人間の住む世界」のことらしい。仁和寺の行基図には西日本がなくて，金沢文庫の行基図には東日本がないんだ。唐招提寺にある行基図は北海道を除いて本州以西が描かれているね。また，志摩半島が本土から離れた孤島として描かれている。関東の東の島は誤りで，大陸や朝鮮半島が拡大して描かれているね。
グラ：ジオ，南にある陸地は？
ジオ：羅利国とあるね（図Ⅰ-32）。いい伝えによると，「この国に女人有り，男行けば即ち帰らず」。
グラ：竜宮城みたいだけど。
ジオ：この羅利国は別名「鬼女の国」というんだ。鬼女というのは「女の姿をした鬼」，「鬼のように恐ろしい女」ということもあるけどね。
グラ：……。
ジオ：いずれにしても，この羅利国に行った男は鬼女に殺されるという伝説があったんだ。
グラ：……。
ジオ：次に，現存する最古の条里絵図として，「弘福寺領讃岐国山田郡田図」というのがあるんだ。香川県の高松平野には条里地割が現存していて（写真Ⅰ-1），約108m四方の土地割りで何条何里とよぶよね。この条里区画を記した最古の絵図が残っているんだ（図Ⅰ-33）。この絵図は香川県の旧大川郡志度町，現在のさぬき市の多和文庫に所蔵されているものだよ。
　　　これは縦長の絵図で，条里界線が入っていて，土地利用の状況が詳細に描かれていたり，川や自然堤防状の微高地などの微地形が描かれているんだ。1987年から約

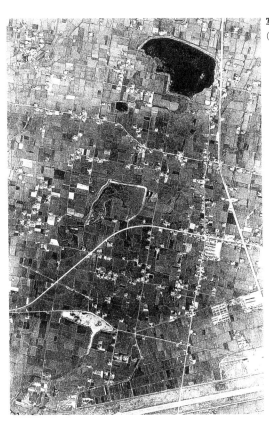

写真Ⅰ-1 高松平野
(高松市教育委員会 1992)

図Ⅰ-33 弘福寺讃岐国山田郡田図
(高松市教育委員会編 1992)

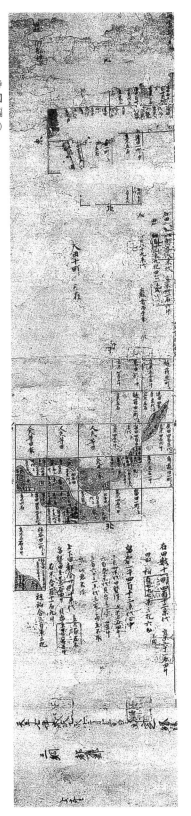

10年間,高松市の教育委員会を中心に共同の発掘調査がおこなわれて,絵図の比定がされているんだ。

b．中世

ジオ：中世になると,室町時代末の天文12年(1543年),ポルトガル人の種子島への渡来がきっかけとなって,日本人の空間認識の拡大がみられるようになるんだ。その後,朱印船貿易によって東アジアへの進出が顕著となって,周辺地域の地理的視野がさらに拡大されていくね。

ジオ：一方,中国ではマテオ・リッチ Matteo Ricci (1552～1610年),漢名では利瑪竇と書くけど,彼は中国でのカトリック宣教の創始者で,「坤輿万国全図」(図Ⅰ-34)を作成しているんだ。坤は大地,輿は乗り物。つまり乗り物としての大地で

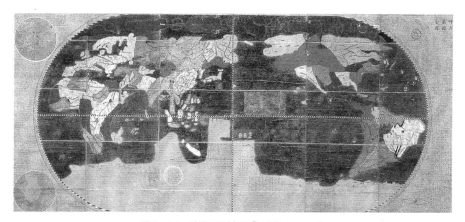

図Ⅰ-34　坤輿万国全図①（織田 1985）

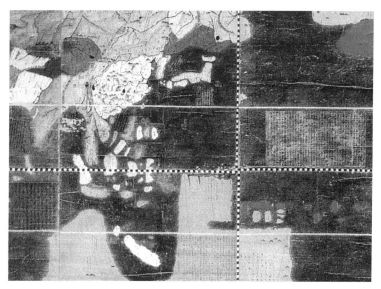

図Ⅰ-35　坤輿万国全図②（織田 1985）

　　　　地球のことだね。この図は木版の世界図で，1602年に作成されたものなんだ。これは，中国を中心に描いた地図だけど，この頃になると日本の状況がより正確に描かれてくるね（図Ⅰ-35）。
　　　　この地図はアブラハム・オルテリウス A.Ortelius（1527～1598年）の世界地図を漢訳したもので約1100の地名が記載されていて，東洋で最初の科学的世界地図として中国や日本に紹介されたものなんだ。南には架空の南方大陸が広がっていて，マゼランにちなんでメカラニカとつけられているね。

ジオ：これはオリテリウスの世界地図（図Ⅰ-36）で，北極と南極が拡大描画されているんだ。グラフィー，東アジアと東南アジアの部分に注目してみて。
グラ：メルカトルの地図によく似ているわね（図Ⅰ-28）。

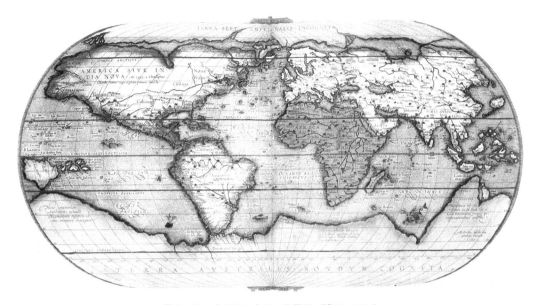

図Ⅰ-36　オルテリウスの世界図（織田 1984）

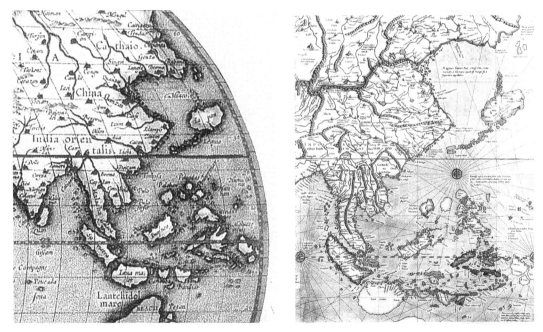

図Ⅰ-37　オルテリウスの世界図（左：織田 1984）とメルカトルの世界図（右：織田 1985）

ジオ：そう。両者を比較するとそっくりだね（図Ⅰ-37）。実は，この二人はフランドル地方出身の友人で，オルテリウスはベルギーのアントウェルペン（アントワープ・アンベルス）の出身で，メルカトルはルペルモンドの出身なんだ。二人で一緒に旅行もしているんだよ。

グラ：二人には何か深い関係があるの？

ジオ：さぁ……。
　　　このオルテリウスの世界地図というのは，実はメルカトルの影響を受けて書き改めたものなんだ。
グラ：……。

c．近世

ジオ：その後，近世になって日本は以後約200年間の鎖国に入るけど，これは一般的には寛永16年（1639年）のポルトガル船の入港禁止から嘉永7年（1854年）の日米和親条約締結までとされているよね。
グラ：実際には孤立していたわけではなかったよね。
ジオ：そう。李氏朝鮮や琉球王国，明朝や清朝，オランダとは交流があったよね。長崎の出島を窓口として，ヨーロッパの学術書が移入されて，世界の情報は得られていたようだね。そして，開国以後は国防上の必要性から，体系的・組織的な地理認識が拡大していくんだ。
　　　たとえば寛永の日本図には，北海道と沖縄を除いて日本の概略が描かれている（図Ⅰ-38）。これは，寛永16年（1639年）に作製されたもので，家康は慶長10年（1605年），つまり幕府を開いた2年後に，国土の実態を把握するために国絵図の作成を命じて，その成果が寛永の日本図やのちの慶安の日本図なんだ。
　　　また，江戸大絵図（図Ⅰ-39）をみると，城は外堀と内堀に囲まれ，その間には各藩の大名屋敷の状況が詳細に記載されているね。
グラ：中央には葵の御紋が描かれているわね。

ジオ：次に，地理的視野の拡大に貢献した人物をみてみると，まず新井白石（1657〜1725年）で，彼の業績は地理だけではなく，歴史や文学，政治など多岐にわたっているね。鎖国中の日本の代表的な海外地理書の『西洋紀聞』や『采覧異言（さいらん）』は，世界の地理や風俗を日本に紹介したものなんだ。このことは，従来の「風土記」的な郷土地理学からヨーロッパ的地理学への転換で，日本の地理学史上重要なポイントになったとされているね。

ジオ：また，長久保赤水（1717〜1801年）は「日本輿地路程全図」を作成したんだ（図Ⅰ-40）。
グラ：輿地というのは？
ジオ：大地という意味だけど，これは日本最初の経緯線入りの日本地図で，全般的に南北が長く描かれているね。また，彼は水戸藩の光國の命を受けて『大日本史』という地理誌を編纂しているんだ。

2. 日本の地理的視野の拡大と地図　27

図Ⅰ-38　寛永日本図（織田 1985）

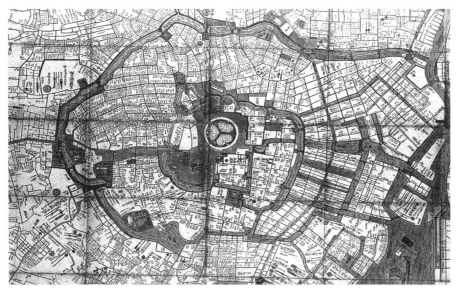

図Ⅰ-39　江戸大絵図（市川ほか監 1983）

28　第Ⅰ部　地理的視野の拡大と地図

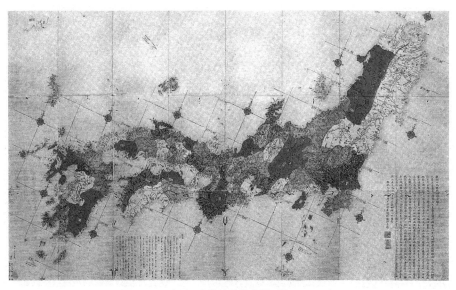

図Ⅰ-40　改正日本輿地路程全図（織田 1985）

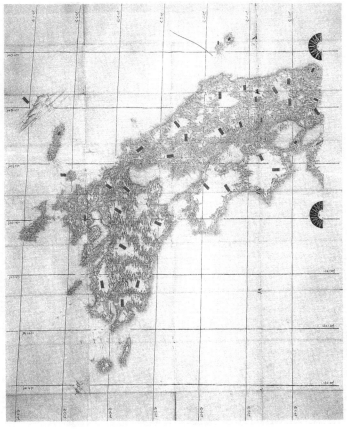

図Ⅰ-41　伊能小図（西日本）（織田 1985）

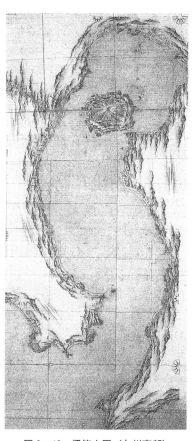

図Ⅰ-42　伊能小図（九州南部）
　　　（澤近編 2008）

◆四千万歩の男

ジオ：そして，伊能忠敬（1745～1818年）と弟子たちによって「大日本沿海輿地全図」が作成されるんだ（図Ⅰ-41）。彼は，実測による近代的・科学的な日本図を作製した人として，あまりにも有名だよね。彼は，上総(かずさ)の国，現在の千葉県の佐原(さわら)で酒造業を営んでいたけど，50歳で家督をゆずって隠居して，その後55～72歳まで3736日を費やして，全国の沿海と官道を弟子をつれて実測して歩いたんだ。その距離は約35000km，約四千万歩になる。

グラ：地球をほぼ一周した測量調査……。

ジオ：この地図づくりは日本中の人びとがサポートした国家プロジェクトだったんだ。方位と距離は，磁石や象限儀(しょうげんぎ)という測量機器と歩測で出して，また導線法といって2地点の距離と方位を連続して測ったり，公会法といって2地点からの目標の方位を測って距離の補正をするという方法で，実測図を作製するという大事業に成功するんだ。地図は3種類で，誤差は僅か1000分の1という精度の高さなんだよ。

グラ：海岸線は正確だけど，内陸部の山などは観念的に描かれているわね。

ジオ：これは九州南部の地図（図Ⅰ-42）で，桜島は大正3年（1914年）に大噴火をしたけど，江戸時代には島になっていたことがわかるね。
この「大日本沿海輿地全図」は伊能忠敬の死後，弟子たちによってまとめられるんだ。大縮尺の3万6千分の1が214枚，中縮尺の21万6千分の1が8枚，小縮尺の43万2千分の1が3枚で，このうちの1枚がこの西日本の部分だね（図Ⅰ-41）。

d．近代

ジオ：そして，近代になると，諸外国の情報が徐々に日本に紹介されはじめて，福澤諭吉（1835～1901年）は『西洋事情』や『世界国盡(づくし)』を著しているね。なかでも，『世界国盡』は，3回にわたったヨーロッパ旅行での見聞をもとにまとめられた国勢に関する著書で，フリガナつきの平易な七五調の文体で書かれていて，小学校の教科書にもなったんだ。
また，内田正雄（1842～1876年）は西周(あまね)とともに幕府のオランダ留学生の一人で，勝海舟と長崎の海軍伝習所時代の同窓生だったんだよ。彼の『輿地誌略』はドイツのヒュブナーの本を訳述したもので，これは体系的な地理書で，福澤諭吉の『学問のすゝめ』や『西洋事情』とともに明治時代のベストセラーになったんだ。
このように，地図の作成や文書などを通して，日本の地理的視野が拡大し，また世界各地の状況が知られるようになったんだ。

第Ⅱ部　地図

1. 地域の情報と空間認知の違い

ジオ：地域の情報を図に表しているのが地図だよね。
グラ：地図は若い人たちにとってなじみ薄いわね。
ジオ：車に乗っている人は「ロードマップ」ぐらいは持っていると思うけど，今ではカーナビや携帯のナビゲーションシステムで，デジタルマップをみる機会が増えてきているよね。

ジオ：ところで，人間の能力は男女間で若干の違いがみられるよね。
グラ：たとえば？
ジオ：言語能力。これは女性の方が長けているといわれていて，左脳がつかさどる能力だよね。言葉を覚えるのも，歌を覚えるのも女の子の方が早いようだね。
　　　また点を線につなげてゆくのは女性の方が得意とされている。だから，語学や国語，歴史は一般的には女性の方が強い。
グラ：そうかしら……。
ジオ：これに対して，空間的認知能力，つまり物を面的・空間的にとらえる能力で，これは男性の方が長けているといわれているね。
グラ：右脳がつかさどる能力ね。
ジオ：よく方向音痴というけど，これは一般的には女性に多いといわれるよね。地下鉄や地下街から地上に出たら，「えっ！ここはどこ？」という経験をした人は少なくないね。
　　　2022年度から，「地理総合」という科目が「歴史総合」とともに必修科目になるけど，好き嫌いにかかわらず地理が必修化されるよね。
グラ：そのうち，私のような「地理女」が増えるかも。

◆ 地図が読めないのは女性だけか

ジオ：2001年に『話を聞かない男，地図が読めない女』（図Ⅱ-1）というベストセラーになった本があるんだ。
グラ：確かに納得できる面もあるけど，はたして全ての人がそうかなぁ……。
　　　ところでジオ，私たちの目の前の方角は東西南北のどっち？

図Ⅱ-1　話を聞かない男，地図が読めない女（アラン・P，バーバラ・P 2000）

ジオ：えっ？
グラ：ほら，方向音痴や地図が読めないのは女性だけではなかったでしょ。
ジオ：……。

2. 地図の性格

a．条件と縮尺

ジオ：次に地図の性格についてみると，地図というのは地球の表面の一部あるいは全部を縮尺を用いて描画再現されたものだよね。この地図の条件として，距離や面積・角度・方位・形などが正しく表現されていなければいけないけど，これらの条件を全て満たすものは，唯一地球儀のみなんだ。
グラ：いい換えると，地図は何らかの歪みをもつ不正確なものともいえるわね。
ジオ：こうした地図は，縮尺の違いによって大きく三つに分けられるんだ（表Ⅱ-1）。間違いやすいのは，分母が大きいから大縮尺の地図と考えてしまうよね。分母の数が小さいほど縮小率が小さいわけだから，大縮尺の地図ということになるんだ（図Ⅱ-2）。
グラ：つまり，大縮尺の地図というのは，「ある地域を大きく表現している地図」と理解するといいわね。
ジオ：そう。また，大縮尺の地図では実際の建物の形として描くことがあるけど，中縮尺や小縮尺の地図では地物記号などで表現するよね（図Ⅱ-3）。

表Ⅱ-1　縮尺の違いと分類

大縮尺	1/10,000 以上（1/500, 1/2500, 1/5000）
中縮尺	1/10,000 ～ 1/100,000（1/2.5万, 1/5万）
小縮尺	1/100,000 以下（1/20万, 1/50万, 1/100万）

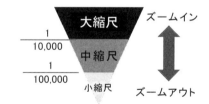

図Ⅱ-2　大縮尺と小縮尺の違い（古屋 2015）

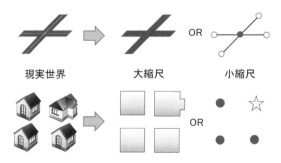

図Ⅱ-3　縮尺による地図要素の表現方法の違い（古屋 2015）

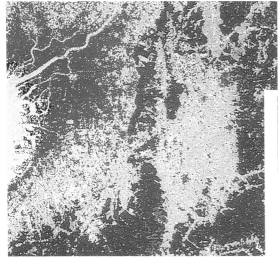
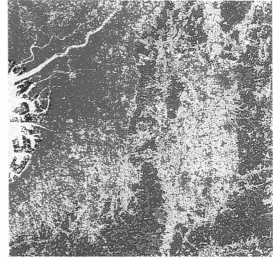

図Ⅱ-4 大阪とその付近の土地利用の変化
（石井・奥田ほか監 1995）

b．種類

ジオ：次に地図の種類をみると，目的による分類と作成法による分類とがあるんだ。まず，地図は目的によって次の三つに分類されて，一般図と主題図と特殊図だね。一般図というのは，多目的に使用するために作成されたもので，まず国土基本図がある。これは空中写真測量によって作成されたもので，国土の開発と保全のための基礎資料となっていて，2千5百分の1と5千分の1の地図がこれにあたるんだ。
　　　その他には，縮尺が1万分の1・2万5千分の1・5万分の1の地図を地形図，20万分の1の地図を地勢図，50万分の1の地図を地方図，100万分の1の地図を国際図とよんでいるね。

ジオ：次に主題図だけど，これはある特定の目的に応じて作成されたものなんだ。大阪平野と奈良盆地の土地利用の変化をみると（図Ⅱ-4），左は1972年の状況，右は1981年のもので，市街地や農地，森林などが色分けしてあるのね。

グラ：約10年間の変化をみると，耕地が減少して市街地が拡大しているのがわかるわね。

ジオ：特に奈良盆地では，JR関西本線の斜めのライン，桜井線，近鉄の橿原線と大阪線沿いや南北に走る国道沿いに市街地が集中しているね。
　　　この主題図には，こうした土地利用図の他に，土地条件図，地形分類図，気候図，植生図，地質図，土壌図，海図，湖沼図，地籍図，都市計画図，観光図，道路地図

図Ⅱ-5　富士山や伊豆半島を描いたコンピュータマップ（国土地理院 HP 2019）

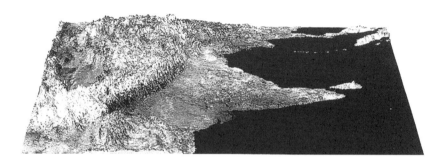

図Ⅱ-6　コンピュータで描いたヒマラヤ山脈とアンデス山脈の立体地形
（石井・奥田ほか監 1995）

などがあって，目的に応じて種類も多岐にわたっているんだ。

ジオ：さらに特殊図があって，点字地図や写真地図，立体地図，鳥瞰図，コンピュータマップなどだね。そのいくつかをみていくと，これは富士山や伊豆半島を描いたコンピュータマップ（図Ⅱ-5）で，高さを強調しているね。

グラ：富士山がとんがりコーンになっている……。

ジオ：コンピュータで描いたヒマラヤと南米のアンデスの様子をみると（図Ⅱ-6），これも高さを強調しているために低地との違いがよくわかるね。

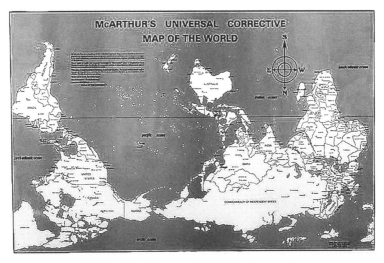

図Ⅱ-7　南半球に住む人がつくった世界地図（Ameba HP 2019）

図Ⅱ-8　鳥瞰図①（石原 1982）

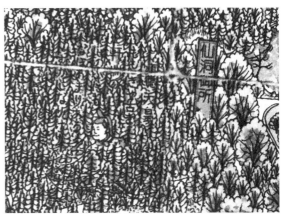

図Ⅱ-9　鳥瞰図②（石原 1982）

ジオ：これは upside down world map といって，南半球に住む人がつくった世界地図（図Ⅱ-7）で，南北逆になっているんだ。

グラ：何か違和感を感じるわね。

ジオ：これは鳥瞰図（図Ⅱ-8）といって，バーズビュー。つまり，鳥が上空から地上をみおろしているように描かれたフリーハンドの図なんだ。奈良の若草山周辺の鳥瞰図で，北西には奈良公園，南西には春日大社が描かれているね。
　　　ところで，この鳥瞰図絵師の石原 正さんが描く図には隠し絵を忍ばせているんだ。グラフィー，京都御苑内のこの図をよくみて（図Ⅱ-9）。

グラ：……。

ジオ：御苑右下の森に順徳天皇（鎌倉時代の84代天皇）と百人一首の百番目の歌が隠されているんだよ。

グラ：ほんとだぁ……。

図Ⅱ-10　モンブラン付近の地形図（市川ほか編 1983）

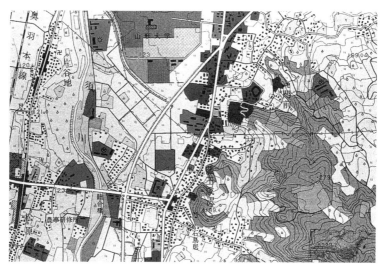

図Ⅱ-11　山形南部の土地利用図（市川ほか編 1983）

ジオ：地図の分類の続きに戻るけど，作成法による分類があって，これには実測図と編集図があるんだ。実測図は正確な測量によって地形や地物を表現したもので，国土基本図や2万5千分の1の地形図。これに対して，編集図はこの実測図に基づいてその他の資料や現地調査によって作成したもので，5万分の1の地形図や地勢図，地方図，国際図などがあるんだ。

ジオ：次にその他の地図を紹介するね。これはスイスのモンブラン付近の5万分の1の地形図なんだ（図Ⅱ-10）。

グラ：多色刷りになっていて，陰影が施されているから立体感があるわね。

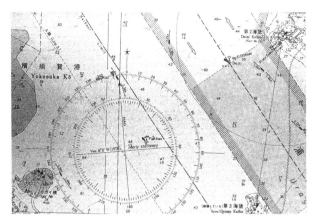

図Ⅱ-12　浦賀水道の海図（市川ほか編　1983）

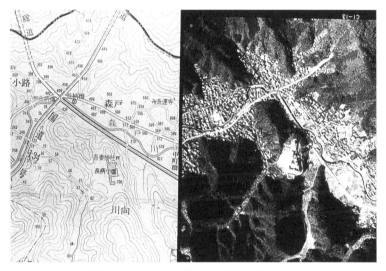

図Ⅱ-13　空中写真と地図（市川ほか編　1993）

ジオ：モンブランをはじめアルプスの山容がわかるし，等高線は 25 m 間隔になっているので，氷河の流れる様子がよく理解できるね。
　　　これは土地の利用状況をみたもので（図Ⅱ-11），田・畑・果樹園・公園・市街地・学校・工場などが色分けや地物記号で示されているね。実際の地形図上に彩色されているので，それぞれの立地状況が理解できるんだ。

グラ：地形と土地利用との関係がよくわかるわね。

ジオ：次に，海図には方位や海底深度，潮流，灯台などの陸漂などが示されているんだ。また，斜線の囲みは速力制限区間で船の航行の方向が，さらには海底の地質が C（clay 粘土）や S（sand 砂），R（rock 岩）などのローマ字で表記されているんだよ（図Ⅱ-12）。

グラ：さまざまな情報が海図に凝縮されているわね。

ジオ：地図をつくるために撮影された空中写真とそれを図化したものをみると（図Ⅱ

写真Ⅱ-1　関東平野南部の衛星写真（写真化学　1997b）

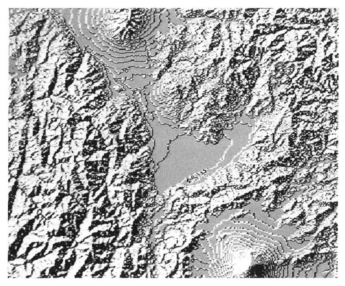

図Ⅱ-14　甲府盆地周辺の等高線図（高橋　学氏提供）

-13），地表の詳細な状況を映した写真の情報を，等高線や地物記号，地名などにかえて地図に表現しているんだ。また，空中写真ではみえないトンネルが地図では破線で描かれているね。

ランドサットが撮影した関東平野南部の衛星写真をみると（写真Ⅱ-1），関東平野や甲府盆地と関東山地や南アルプスの赤石山脈との違いが，色調や起伏の状況などでよくわかるね。

また，甲府盆地周辺の起伏を100m間隔の等高線で示したデジタルマップをみると（図Ⅱ-14），北部の八ヶ岳と南部の富士山，その間の甲府盆地の違いが読み取れるね。

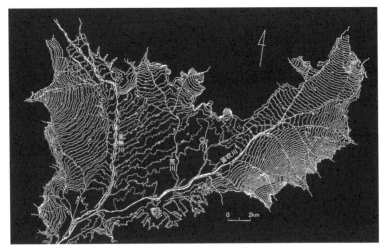

図Ⅱ-15　甲府盆地の等高線図

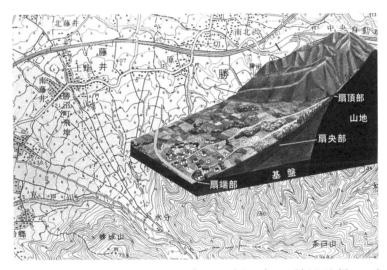

図Ⅱ-16　甲府盆地南東部の地形図とブロックダイアグラム（市川ほか編 1983）

　　　さらに，甲府盆地を5m間隔の等高線図でみると（図Ⅱ-15），南西流する笛吹川と南流する釜無川とが合流して富士川となって駿河湾に注いでいるね。南アルプスの諸山地や御坂山地などが盆地を取り囲み，急勾配の諸河川が盆地で一気に堆積の場を広げて複合扇状地をつくっているんだ。

グラ：盆地全体が緩やかな傾斜になっているのね。

ジオ：甲府盆地の勝沼地域の地形図と同地域をブロックダイアグラム（立体模型図）で示すと，起伏の状況を斜め上から立体的に表現することができるんだ（図Ⅱ-16）。勝沼扇状地の様子やそこでのブドウやモモなどの果樹類の栽培，また集落が同じ標高を走る道路沿いに立地している土地利用の様子がみられるね。

3. 地形図と読図

a．地形図の作成

グラ：ジオ，地形図はどのようにしてつくられるの？

ジオ：地形図は三角点と水準点，標高点という基準点に基づいてつくられているんだ（図Ⅱ-17）。経緯度原点のことを三角点といって，これは位置の基準点ね。これに対して，水準原点のことを水準点といって，これは高さの基準点なんだ。

三角点と水準点の形状は，主に花崗岩でつくられた石柱や金属の標識だよ。こうした位置と高さを決める基準点が全国各地に設置されていて，この基準点に基づいて，各種の測量がおこなわれて，地形図がつくられるんだ。

まず三角点は各地の三角点標石に，水準点は水準点標石に基づいて，位置と高さが測量される。標石の周りには四つの石が埋められているんだ（図Ⅱ-17）。国地院というのは，地形図を作成・発行している国土地理院のことね。土に埋められない場合には直接岩に，また金属標という円形をした金属板をコンクリートなどに埋め込むようになっているんだ。

その事例をみてみると，これは茨城県の筑波山山頂の三角点（写真Ⅱ-2）と千葉県勝浦市の水準点（写真Ⅱ-3）だね。

グラ：岩やコンクリートに埋めて設置されているんだ……。

ジオ：これは国道に設置されているキロポストと金属標の水準点で，道路の下のコンクリートに埋め込まれているね（写真Ⅱ-4）。またこれは，大阪府泉佐野市の市役所の屋上

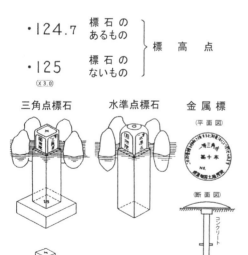

図Ⅱ-17　基準点（日本地図センター編 1988）

写真Ⅱ-2　筑波山頂の三角点（日本地図センター編 1988）

写真Ⅱ-3 千葉県の勝浦にある水準点
（日本地図センター編 1988）

写真Ⅱ-4 キロポストと金属標の水準点
（日本地図センター編 1988）

写真Ⅱ-5 金属標の三角点（日本地図センター編 1988）

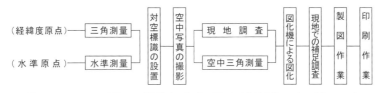
図Ⅱ-18 2万5千分の1地形図の作成工程（日本地図センター編 1989）

にある金属標の三角点で，セメントに埋め込まれているんだ（写真Ⅱ-5）。

こうした基準点に基づいて，それぞれ三角測量，水準測量，さらに空中写真測量をおこなって，製図作業という工程を経て地形図が作成されるんだ（図Ⅱ-18）。まず，三角測量からみると，全国には一等から四等まで，107,000 地点（2011 年）に三角点が配置されていて，それらを結ぶとこのように網を張ったような分布になるんだよ（図Ⅱ-19）。これは一等三角点を結んだものだけど，一等は精度が最も高くて平均辺長が 45km になるんだ。

次に水準測量で，水準点は高さの基準点だったけど，これは一等水準点の路線図（図Ⅱ-20）で，水準点は一等から三等まで全国に 26,000 地点あって，主要道路に沿っ

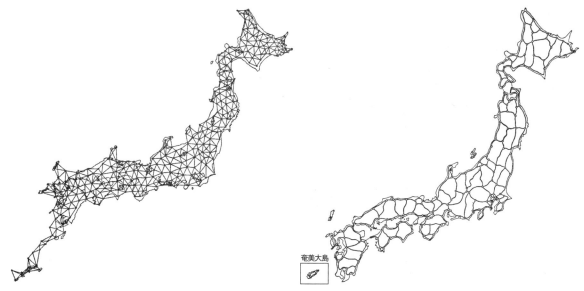

図Ⅱ-19　一等三角点網（日本地図センター編 1989）　　　図Ⅱ-20　一等水準点の路線図（日本地図センター編 1989）

写真Ⅱ-6　空中写真の撮影（西村 1977）

て約2キロおきに設置されているね。

ジオ：次に空中写真測量についてみると，空中写真で撮影する際に，まず対空標識を設置するけど，これは位置の基準点の三角点の上に置かれるんだ（図Ⅱ-18）。
そして，セスナをつかって空中写真を撮影するけど，季節は秋から冬の快晴の日で，飛行高度は約6000m，東西方向に千鳥式に撮影するんだ（写真Ⅱ-6）。その際に，隣の写真と約6割が重なるように連続撮影する。つまり，同じ地表の状況を別の角度から撮ることになるんだ。

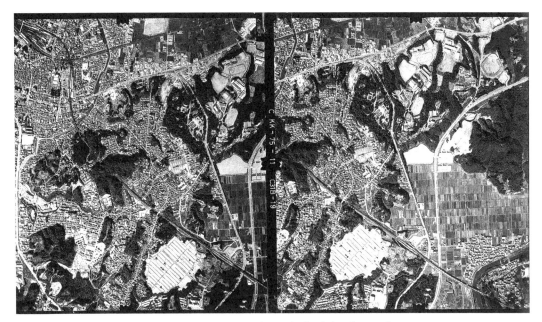

写真Ⅱ-7 2万分の1空中写真（国土地理院 1975）

空中写真には縮尺が約2万分の1のものと4万分の1のものがあって，実際の空中写真をみると，これは2万分の1で23cm四方のものだよ（写真Ⅱ-7）。

グラ：写真にあるKK-75というのは？

ジオ：撮影コースの地方番号と撮影年で，これは75年の撮影だから，40年以上も前の様子だね。

そして，こうした空中写真を撮影した後の経年変化をみるために，現地を補足調査して，地名や行政界などを確認するんだよ（図Ⅱ-18）。つまり，樹木などの下の空中写真では確認できないところの状況を調査するんだ。

そして，図化機による図化だけど，これは実体図化機をつかって地物の測定と描画をおこなう。つまり，図化した素図に現地調査の結果を補足して編集素図を作成するんだ。

また，等高線や最高点の標高，境界線，地名などが記載された集成写真，つまり写真地図があって（図Ⅱ-21），地形図では読み取ることのできない情報を提供してくれるんだ。

ジオ：そして，現地での補足調査をして地形図が完成するんだよ。このように，隣同士の空中写真は約6割の地域が重なって別方向から撮影したものになるから，この空中写真を実体視することで，地形図ができあがるんだ。

そしてその実体視の原理だけど，重複して撮影した空中写真上の像を約6cmの間隔をあけるんだ。

グラ：どうして？

図Ⅱ-21　写真地図（西村 1977）

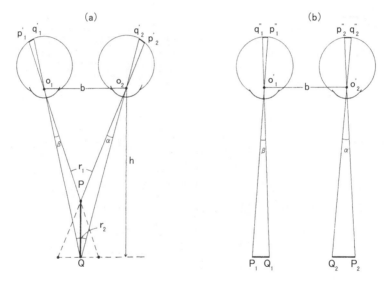

図Ⅱ-22　網膜上の像と実体感（西村 1977）

ジオ：これは，日本人の平均的な瞳の幅なんだ。左側の写真を左目で，右側の写真を右目でみると，左右の写真の像が次第に一つになって立体的にみえる。これが実体視ね。これを図で説明すると（図Ⅱ-22），左の（a）は普通に僕たちが物PQをみている状態で，物体は目のO_1とO_2のレンズを通して，網膜上（$p'_1 q'_1, p'_2 q'_2$）に写るんだ。僕たちが実際に風景や物をみる時，左右の目で少し違った角度でみているよね。このみえ方の違いを，脳は立体感として認識しているんだ。

グラ：だから遠近感があるのね。

ジオ：これは，γ（ガンマ）$_1$とγ$_2$の収束角の値，この両者の角度が違っているから，物が立体的にみえるようになっているんだ。右の（b）は3分の2が重複した写真

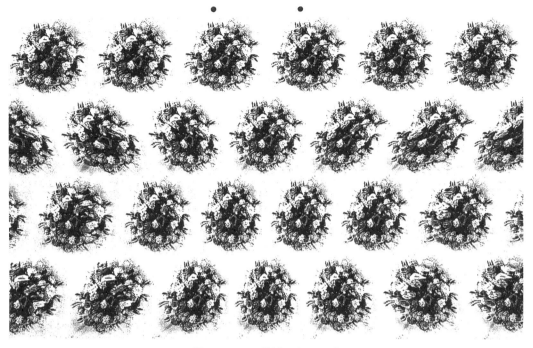

図Ⅱ-23　3D（根本ほか 1993）

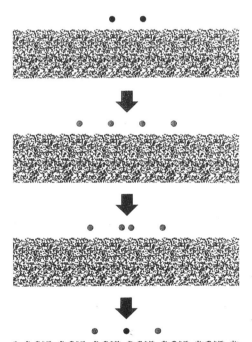

図Ⅱ-24　目印の見え方（根本ほか 1993）

$P_1 \cdot Q_1$ と $P_2 \cdot Q_2$ を実体視しているところ。目のレンズ（O'_1 と O'_2）を通して，写真が網膜上に写った状態は，左の（a）と同じ。だから，写真 $P_1 \cdot Q_1$ と $P_2 \cdot Q_2$ が浮き上がってみえるんだよ。

この実体視ができるようになると，2枚の同じ写真が飛び出してみえるようになるんだ。例えば，好きな人の写真を2枚，できれば別の角度から撮った写真がいいけど，それを部屋に貼っておく。好きな人がいつでも目の前に飛び出してみえる。バァーチャル・ビジュアライズの世界だね。

グラ：……。

◆ あなたには3Dがみえますか？

ジオ：以前に3Dのステレオグラム（図Ⅱ-23）の立体視が流行ったことがあったよね。裸眼で立体視をする時に上の二つの点をみていると，二つ

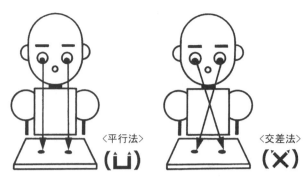

図Ⅱ-25　平行法と交差法（根本ほか 1993）

写真Ⅱ-8　誉田山古墳の空中写真（日下 1988）

　がやがてダブって四つにみえ，内側の二つが重なった時に立体的に飛び出してみえるんだ（図Ⅱ-24）。
　立体視は右目で右の像を左目で左の像を同時にみることだけど，その方法として平行法と交差法があって（図Ⅱ-25），平行法は遠くを眺めるような平行に近い視線でみる方法で，交差法は寄り目にして視線を一度近いところでクロスさせてみる方法なんだ。
　グラフィー，この原理がわかったらもう一度３Ｄのステレオグラム（図Ⅱ-23）をみてごらん。
グラ：ハートが浮かんでみえる……。
ジオ：立体視ができたら，実際に空中写真をつかって実体視をしてみよう。これは，大阪府の誉田山古墳（応神天皇陵）とその周辺の２枚の空中写真（写真Ⅱ-8）だけど，ここから読み取れるものは何だろう？

3. 地形図と読図　47

写真Ⅱ-9　誉田山古墳（安田 1995）

図Ⅱ-26　誉田山古墳と活断層（寒川 1989）

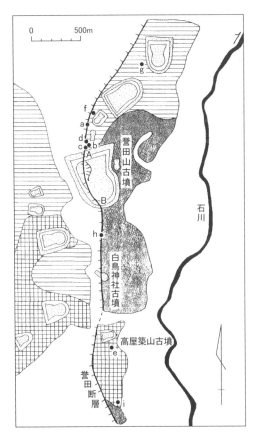

図Ⅱ-27　古市古墳群と活断層（寒川 1992）

グラ：……。

ジオ：誉田山古墳は大規模な前方後円墳だけど，前方部に注目すると，北西部（写真Ⅱ-9の右手前）の形が崩れて，周濠に張り出した形になっているよね。1m間隔の等高線でみると（図Ⅱ-26の右下），みだれが生じているよね。もう一度，空中写真の実体視をしてみると，古墳を南北に通るラインがあるんだ。みやすいように，上下逆さまにした図（図Ⅱ-27）にしているけど，古墳の西側を切って誉田断層とよばれる活断層が南北に走っているんだ。この断層の崖を空中写真から読み取ることができるんだよ。

グラ：なるほど……。

b．地形図の図式と記号

ジオ：次に，地表の高さを表すものとして等高線（コンターライン）があって，縮尺によって等高線の名称や間隔，表現方法が違うんだ（表Ⅱ-2）。
　　たとえば，この地形図（図Ⅱ-28）で，50m間隔の太い実線の計曲線の状況に注目すると，東西に走る山地の北の斜面と南のそれとでは，等高線に粗密の違いがあるよね。つまり，北斜面では等高線の間

表Ⅱ-2　等高線の種類と表現方法

名　　称	1:50000	1:25000	表　現　方　法
計 曲 線	100m間隔	50m間隔	────── 太い実線
主 曲 線	20m間隔	10m間隔	────── 細い実線
補助曲線第1次	10m間隔	5m間隔	─ ─ ─ 長い破線
第2次	5m間隔	2.5m間隔	------------ 短い破線

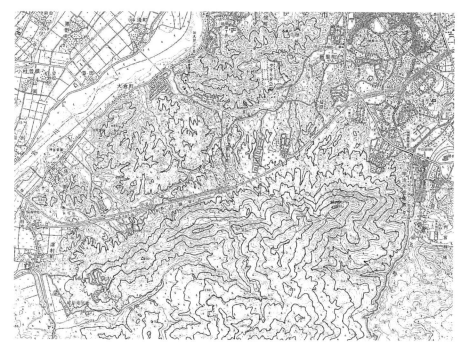

図Ⅱ-28　2万5千分の1地形図「伊勢」図幅（国土地理院 1994）

　　　隔は密で，南斜面では粗になっている。
グラ：これは何を意味しているの？
ジオ：密なほど傾斜は急で，粗になるに従って緩やかな傾斜になっているね。
　　　この一連の山地の北と南で傾斜の違いがあって，北が急傾斜で南が緩傾斜になっているんだ。北の急傾斜のさらに前面では，緩やかな傾斜の丘陵地になっているね。
グラ：ということは？
ジオ：傾斜の変換点がこの北斜面にあって，ここを断層が走っているんだ。そして，その上を高速道路が通っている。
グラ：……。
ジオ：地震等の災害時には注意が必要だね。
　　　また，地物記号も地形図を表現する上で，重要な要素になっているんだ（図Ⅱ-29）。
グラ：小学校の3・4年生の時に簡単な記号を学んだわ。

ジオ：地表のさまざまな状況を地形図上に表現するために，等高線や道路，地物記号，土地利用など，詳細な基準が定められているんだ。

また，こうした地形図の記号化については，明治18年（1885年）頃に制定された「仮製2万分の1地形図」の記号が，現在の図式の原形に近いとされているね。

4. 紙地図とデジタルマップ

a. アナログとデジタル

ジオ：15世紀の中頃に，グーテンベルクが活版印刷機を発明して紙地図を普及させたんだ。そしてその後約500年たった1970年代の情報革命は，紙地図からデジタルマップの変換をもたらしたんだ。

グラ：紙地図とデジタルマップの違いは？

ジオ：それはアナログとデジタルという違いだよね。例えば，紙にペンで書いた文章はアナログ。これは一度限りのもので，加工や再利用することができないけど，ワープロに入力された文章はデジタルで，どのようにでも編集し直すことができるよね。

パソコンでつくられたデジタルマップは，スクリーンなどを通して表現されるけど，小中高の実験校では，教室から黒板とチョークはなくなって，視聴覚教材を用いた教育がホワイトボードとモニター，スクリーンを3分の1ずつつかってされているんだ。

図Ⅱ-29 地物記号（国土地理院 1994）

グラ：英語の授業ではタブレット端末をつかったバーチャル授業がすでにおこなわれているし，小学校ではプログラミングの授業など教育のデジタル化が進んでいるわね。

ジオ：大学の講義では，いまだに板書をしたり，あるいは紙媒体の資料に基づいて説明

がされているよね。

グラ：黒板とチョークがアナログで，視聴覚教材がデジタルね。

ジオ：教育の基本的な技術水準は，もしかしたら大学が一番遅れているかもしれないね。このように，世のなかはアナログからデジタルの時代に変わってきているんだ。以前は，紙地図から可能な限りの情報を読み取っていたんだ。つまり紙地図から3次元空間の状況を読み取る作業が，今パソコンを使って自由にしかも簡単にできるようになってきたね。

ジオ：そして今，「どこでもドア」構想があって，大学や研究所，博物館などがオンラインで結ばれていて，パソコンのディスプレイのドアアイコンをクリックすると，どこにでも行って自由に知識の旅が出来るようになっているんだ。

グラ：ドラえもんの世界だね。

ジオ：知のネットワークが世界中に拡大しているね。

また地図は，今や平面から立体へ，2次元の世界から3次元，そして過去や未来といった4次元の世界に広がっていて，このデジタルマップをつかって，時空間を自由に旅することができるようになっているね。

b．GPSとGIS

ジオ：そして，人工衛星をつかってこの位置と高さを利用したものがGPSで，Global Positioning System（全地球測位システム）というんだ。人工衛星をつかって海抜高度だけではなくて，位置までがわかる測量機器だね。

グラ：今では携帯電話やデジタルカメラにも搭載されているよね。

ジオ：現在，地球を周回している軌道上の人工衛星（図Ⅱ-30）は4400機以上（2017年）で，このなかには地球観測衛星や報道・通信衛星，位置を測るGPSなどがあって，これらには静止衛星や軍事衛星などがあるんだ。このうちリモートセンシング（Remote Sensing）衛星は現在約150機（2016年）あって，同時に3機の衛星から電波を受けられると2次元の座標を確定できる。つまり，緯度や経度の位置情報がわかるんだ。同時に4機の衛星から電波を受けられると，3次元の座標を確定できて，居場所の緯度や経度とともに標高などがわかるんだよ（図Ⅱ-31）。

グラフィー，このGPSをCDやHDに記憶させた地図情報と合体させて，車の現在地をディスプレイ上に表示するシステムは？

グラ：カーナビゲーションね。

ジオ：文部科学省の科学研究費COE（center of excellence）研究では，「長江文明の探求」というテーマで，日中の共同研究が5年間続けられて，中国では現在位置や遺跡の

図Ⅱ-30 人工衛星（socioroketnews HP 2018）

　　位置を確認するためにこのGPSがつかわれたんだ。
　　このGPSをさらに応用したのが，パソコンやデジカメ，そして携帯にある位置の確定システムだね。
　　スイッチをONにしておくと，微量の電磁波で位置が確認できる。このGPSのシステムを利用すると居場所がわかる。つまり，どこの何という所にいるという場所の詳細がわかるんだ。
- **グラ**：……。
- **ジオ**：僕たちは，これからはこの携帯にコントロールされていくよね。
- **グラ**：すでに，携帯依存症の人がいるわね。
- **ジオ**：僕たちはFacebookやLINEなどのSNS（Social Networking Service）で，リアルタイムにコミュニケーションしているけど，これがいじめや犯罪被害に巻き込まれるといったトラブルも起きているんだ。
　　また，この携帯電話の微量の電磁波を受け続けると，人間の脳はどうなるかという実験が全世界でおこなわれていて，記憶力の低下などの問題が指摘されているよね。
- **グラ**：……。
- **ジオ**：そして今，注目されている分野がGIS（Geographic Information System 地理情報システム）で，携帯電話やカーナビゲーションなどの普及によって，いつでも，どこでも，自分の位置をリアルタイムに把握し，そしてその場の地理空間データと重ね合わせて，欲しい情報を手に入れることができる。
　　これは，アメリカの軍事目的で開発されたGPSに基づいているんだ。地球の約2万km上空を，アメリカが打ち上げただけでも地球全体を取り囲むように，20機を超えるGPS衛星が飛んでいるんだ（図Ⅱ-31）。地球上のどこにいても4機以上のGPS衛星が上空にあって，それらの電波を同時に受信できれば，自分のいる位置が確認できるんだ（図Ⅱ-32）。

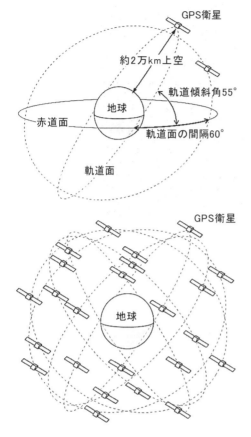
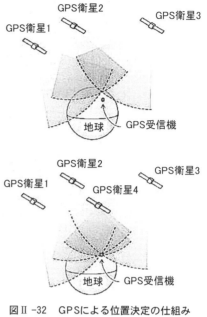

図Ⅱ-32　GPSによる位置決定の仕組み
（島崎 2015）

図Ⅱ-31　GPS衛星の軌道（上）と配置（下）
（島崎 2015）

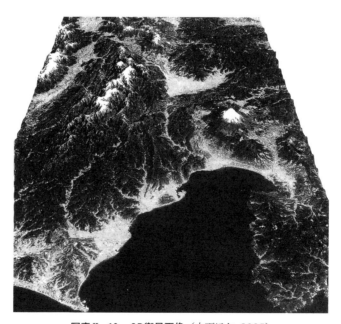

写真Ⅱ-10　3D衛星画像（木下ほか 2005）

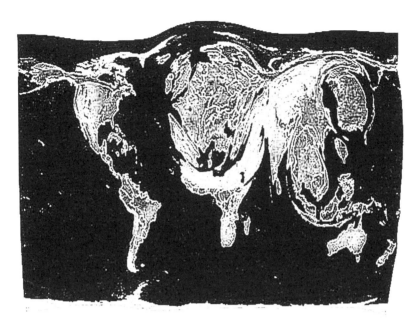

図Ⅱ-33　検索エンジンからみる日本と世界の国々との関係性（星田 2013）

ジオ：デジタルマップ化の流れをみると，たとえば衛星画像をパソコンを使って簡単にしかもどこでもみれ，さらに鳥瞰図のように3次元表示できるようになっているね（写真Ⅱ-10）。

ジオ：また，3次元の地図ソフトをつかって自由に地形図上を歩いたり，風景を描いたり，またGPSで行程を記録して，地図上に再現することもできるんだ。
　　　さらに，GISは位置情報と地理情報を分析し，地図上に可視化して，地域の状況を明らかにするシステムなんだ。地理空間データというのは，位置に関連づけた地図をつくるための材料で，GISという情報技術を用いて地理空間データを加工し分析したうえで，地図（主題図）としてまとめられるんだ。
　　　GISの場合，地理空間データを作成すれば，場所の検索や地図上での詳細な検討，さらには可視化してさまざまな地図を作成して，分析することができるんだ（図Ⅱ-33・34）。また可視化することによって地理的な関係性を理解できたり，地図を共有することで情報を伝えることもできるんだよ。

ジオ：GIS上では，基盤となる地図に空間情報や属性情報を重ね合わせて地図化するんだ（図Ⅱ-35）。実際の状況はテーマごとに分けられたレイヤーという層によって表現され，これらのレイヤーを重ね合わせて1枚の地図が作成されるんだ。このレイヤーを重ねて，空間的な位置関係を表現することができて，それを解析することで新たな知見が得られるんだ。
　　　このように，地理空間データを地図上に可視化することで，地域の持つ特徴を明ら

54　第Ⅱ部　地図

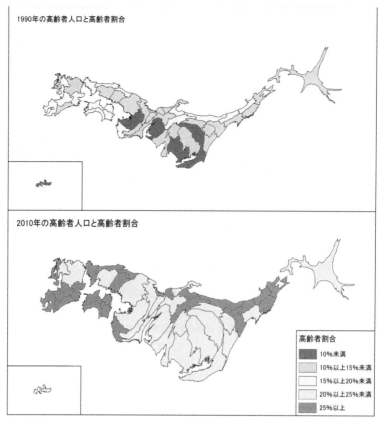

図Ⅱ-34　高齢者人口と高齢者割合（浦川・桐村 2015）

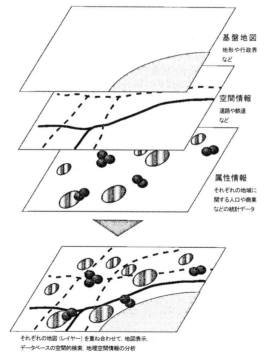

図Ⅱ-35　GISのしくみ（森 2014）

図Ⅱ-36　Google Earth (Google HP 2019)

現代のフライスルー（京都駅周辺）

平安時代のフライスルー（朱雀大路）

歴史的・文化的コンテンツ

現代のウォークスルー（南座周辺）

昭和初期のウォークスルー（南座周辺）

図Ⅱ-37　バーチャル京都3Dマップ（立命館大学地理学教室 HP 2019）

　　　　かにすることができるんだよ。
グラ：インターネットの地図検索やカーナビケーション，携帯の地図情報サービスなどのGISは私たちの生活と密接にかかわって，不可欠なツールになっているわね。
ジオ：Google Earth（図Ⅱ-36）やMicrosoft Vitual Earthなどは世界中の地表空間を3次元で表示できるし，空中や地上からフライビューやストリートビューができるね。また，バーチャル京都3Dマップは，3次元の立体地図を用いて，京都市内の時空間を自由に飛んだり，歩き回ることができるんだ（図Ⅱ-37）。

ジオ：そして今，あらゆる情報を一元化して共有でき，個人がそれを利用してオリジナルの地図をつくれる環境にあるよね。また，人びとの行動や経済活動がリアルタイムに記録されたビッグデータなどを地図化することで，GISの応用範囲がさらに拡大

しているんだ。
　　　こうしたGISの成果に基づいて，あらゆる学問分野との接点が模索されていて，GISは新たな科学として体系づけられているね。
グラ：研究対象がデジタル化されることによって，GISが多方面で活用されて，新たな展開をみせているのね。
ジオ：そして，これからはAI（Aratificial Intelligence）人工知能の時代だけど，今世界の人びとの購買情報が把握されていて，これをAIが分析して，各個人に最適な商品を提供しているんだ。
　　　GAFA（Google Amazon Facebook Apple）とよばれる巨大なIT企業をはじめとして，個人情報などのビッグデータが集積され，整理・分析され，そして多方面で多角的に利用されているね。
　　　でもこの情報は，使い方によってはデータの流出など課題になっているよね。

c．デジタルマップ

◆デジタルマップにみる現在・過去・未来

（1）デジタルマップの現在
ジオ：では，こうしたデジタルマップをいかに研究に応用していくか。これを，現在・過去・未来についてみていくね。
グラ：……。

①個人情報のデジタルマップ化
ジオ：まず，デジタルマップの現在からみると（図Ⅱ-38），地図上での僕たちの家が個人データになっていて，ありとあらゆる情報がインプットされてデジタルマップ化されているんだ。デジタルマップの個人の家をクリックすると，家族の情報が入っている。突然ダイレクトメールやお薦め情報が届くことがあるけど，グラフィー，疑問に思ったことはない？
グラ：データの流出事件などが頻繁に起きているわね。
ジオ：例えば，築30年以上の家があると，不動産業者や建築業者がこれを把握していて

```
デジタルマップの現在
①個人情報のデジタルマップ化
②あなたは宇宙からみられている
　・人工衛星－軍事衛星
　　　　　　　観測衛星－気象衛星
　　　　　　　GPS衛星・通信衛星・科学衛星ほか
③GPSと次世代携帯
④GISと医療・保安
⑤鳥がみた景観
```
図Ⅱ-38　デジタルマップの現在

写真Ⅱ-11　地球観測衛星ランドサット8号の観測画像（島崎 2015）

リフォームや新築の家の案内が届いたり，車の車種や購入年月を自動車販売会社がチェックしていて，買い換えの時期を見計らって新車のパンフレットが届くんだ。

グラ：去年私たちに成人式の案内が届いたよね。

ジオ：来年は卒業式の案内が届くね。また大学では，学生の学生番号や住所をクリックすると，学生の履修状況や成績，さらには卒業後の進路などがインプットされていて，就職戦略につかわれているんだ。こうした個人情報のデジタルマップ化が今急速に進んでいるね。

②あなたは宇宙からみられている

ジオ：今地球を周回している人工衛星は4400機以上あって，人工衛星にはまず軍事衛星や観測衛星があってこれには気象衛星があるんだ。

リモートセンシングは，人工衛星や航空機などから地球を観測する技術で，身近なところではランドサットによる観測（写真Ⅱ-11）や天気予報の時の気象衛星による気象観測などがあるね。

その他としては，GPS衛星や通信衛星，科学衛星などが地球の周りを飛んでいるね。人工衛星はその使用目的によって高度が違って，気象衛星や放送衛星などの静止衛星は赤道上空の約36000kmかなたを，軍事目的の偵察衛星は約200～600kmの上空を飛んでいるんだ。

また，フランスのスポットやアメリカのイコノスを始めとして，観測衛星が数十機

飛んでいて，なかでもイコノスは高度約 680km で解像度は 82cm 〜 100cm なんだよ。これが米軍の偵察衛星になると，15cm の高解像度。だから，数百 km の宇宙のかなたから人間が認識できるんだ。

グラ：……。

ジオ：以前，アメリカとイラクとの戦争があったけど，米軍のピンポイント攻撃があって，ミサイルの命中率の高さが証明されたよね。今，北朝鮮の核の問題がクローズアップされているけど，北朝鮮がどこでどれくらいの規模で核開発をしてきたかを米軍は高精度の偵察衛星で以前から知っていたし，監視してきたんだ。

③GPSと次世代携帯

ジオ：今，GPS 機能を搭載した携帯が主流になってきたよね。携帯の位置情報機能が ON の場合，GPS と近くにある WiFi の二つのデータを基に行動履歴が記録されているんだ。

グラ：遭難や誘拐などの事件や事故にあった時に，位置を確認できて有効だよね。

ジオ：また，過去 50 日分の行動履歴が残るので，時間と場所が分かって，警察などが裏付け捜査をする際にこれらのデータを使用しているんだ。

グラ：東日本大震災の時に帰宅困難の人たちが，家族との位置確認にこの機能を利用したよね。

ジオ：でも弊害もあるよね。

グラ：えっ？

ジオ：位置情報サービスを ON にしておけば，お互いの位置，居場所がリアルタイムで確認できるんだ。

グラ：……。

④GISと医療・保安

ジオ：GIS 研究は医療や消防にも利用されているんだよ。都市圏の救急車や消防車に取りつけられているのがこの GIS で，出動の要請があった時に，目的地つまり事故現場や火事場に一番早く着くルートと時間が瞬時にディスプレイ上に表示されるんだ。

グラ：こうしたシステムは，混雑時や渋滞時には便利だね。

⑤鳥がみた景観

ジオ：福井県の敦賀と徳島，渥美半島の伊良湖岬を結んだ地域を近畿トライアングル（写真Ⅱ-12）といって，この範囲内にある地形の構造に共通性がみられるんだ。『自然の旅』でもみたように，淡路島，比良・六甲山地，生駒・金剛山地，笠置山地，鈴鹿・布引山地，養老山地などの地塁とそれらの間の海や盆地などの地溝という断層地形の組み合わせが東西に並んでいるんだ。

グラ：こうして衛星写真でみると，地形の配列の状況がよくわかるわね。

写真Ⅱ-12　近畿トライアングル（高橋・外山 2000）

図Ⅱ-39　近畿・中部地方（高橋・外山 2000）

ジオ：近畿や中部地方の山地の標高を強調してみると（図Ⅱ-39），起伏の状況やメジアンライン（中央構造線），フォッサマグナの状況がよくわかるよね。

　　　また，京都市北部の上空から南の方向をながめると，鴨川と桂川が合流して，さらに宇治川と木津川をあわせて淀川となり，天王山と男山との狭窄部をぬけて大阪平野を形成している様子がわかるね（図Ⅱ-40）。

　　　京都盆地の北部を拡大してみるね（図Ⅱ-41）。

グラ：しわ状にみえるのは？

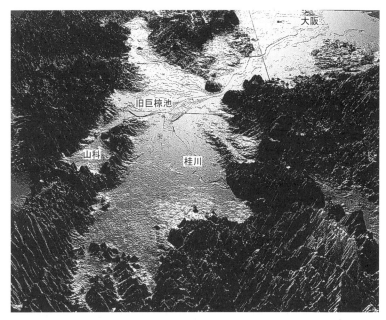

図Ⅱ-40　京都・大阪（高橋・外山 2000）

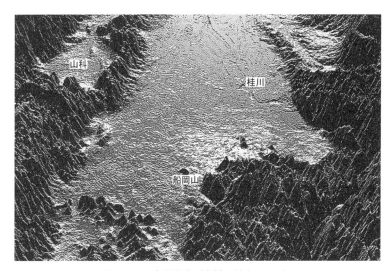

図Ⅱ-41　京都盆地（高橋・外山 2000）

　　ジオ：1m間隔の等高線で，鴨川や桂川とそしてその支流が複合扇状地をつくっている様子がよくわかるね。
　　グラ：京都盆地は北から南に向かって緩く傾斜しているんだ……。

　　ジオ：奈良盆地は，東を笠置山地，西を生駒・金剛山地に囲まれた低地だね（写真Ⅱ-13）。
　　グラ：土地をならす，平坦にするところから，「なら」ともいわれているよね。
　　ジオ：奈良盆地の南部から東半分の状況で標高を強調してみると（図Ⅱ-42），南の三輪山から笠置山地の起伏の様子がよくわかるね。京都盆地と同じように，しわ状にみ

4. 紙地図とデジタルマップ　61

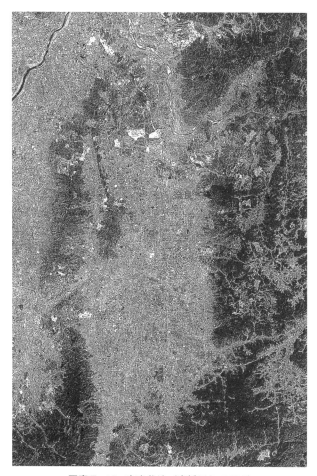

写真 II-13　奈良盆地（高橋ほか 2000）

図 II-42　奈良盆地南東部（高橋・外山 2000）

62　第Ⅱ部　地図

```
過去－空から遺跡を分析する－

①古代　奈良盆地の条里プランと微地形
②古墳時代
　・古墳の立地と環濠水
　・眺望－五色塚古墳・大山古墳・三輪山
③弥生時代
　・遺跡の立地環境－板付・菜畑・吉野ヶ里
④縄文時代
　・河内平野の水没
```

図Ⅱ-43　過去－空から遺跡を分析する

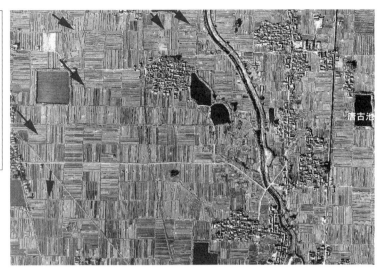

写真Ⅱ-14　条里地割りと埋没旧河道（高橋ほか 2000）

えるのは1m間隔の等高線で，奈良盆地の南部は初瀬川のつくる扇状地が南東から北西に向かって緩く傾斜しているんだよ。

(2) 過去－空から遺跡を分析する

①古代－奈良盆地の条里プランと微地形

ジオ：次に空から過去の状況を分析すると（図Ⅱ-43），これは奈良県の唐古・鍵遺跡周辺の空中写真だけど（写真Ⅱ-14），四角形をした古代の条里プランが残っているね。よくみると，北西から南東方向に連続して色調のやや暗い部分が確認されるよね。

グラ：矢印の方向？

ジオ：そう。これは埋没した寺川の旧河道の状況を示していて，地下水位が高いから濃く写るんだ。一見低平にみえる平野の地形だけど，こうして過去の状況を復原することができるんだ。

②古墳時代

ジオ：次に，古墳の立地に注目すると，もう一度奈良盆地のデジタルマップをみると（図Ⅱ-42），三輪山の北に景行陵（渋谷向山古墳）と崇神陵（行燈山古墳）とされる前方後円墳があるんだ。

グラ：笠置山地の山麓にあるのね。

ジオ：そう。古墳は山地から低地への傾斜の変換点に位置していて，周囲を見下ろすようにまた環濠の水が得やすい所に立地しているんだ。
そして，三輪山の山頂は標高467mだけど，そこに立って世界遺産に登録された仁徳天皇陵（大山古墳）の後円部（標高44m），さらには神戸市の五色塚古墳を見

4. 紙地図とデジタルマップ　63

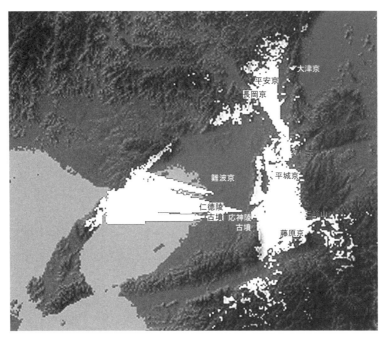

図Ⅱ-44　三輪山山頂からの可視域（高橋ほか 2000）

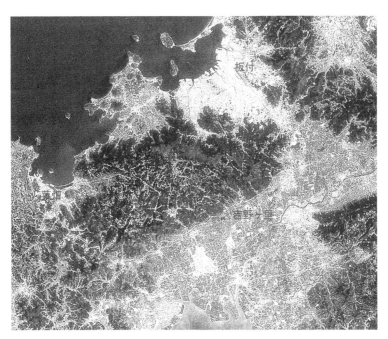

写真Ⅱ-15　九州北部（高橋 学氏提供）

　　　　通すことができるんだ（図Ⅱ-44）。
グラ：……。
ジオ：古墳時代の三輪山と大山古墳，五色塚古墳とのかかわり，さらにはこれら三者がほ
　　　ぼ東西に並ぶことから，当時の社会構造を考える上で重要なんだ。

③弥生時代

ジオ：弥生時代の主な遺跡の立地環境を九州北部でみてみると，背振山地を挟んで板付遺跡や菜畑遺跡などの初期稲作遺跡や吉野ヶ里遺跡などの環濠集落が分布しているね（写真Ⅱ-15）。

環濠集落としても知られる板付遺跡は，扇状地の扇端部に位置していて，環濠や稲作などの生産域で水を利用する際に，適地に立地しているんだ。

また，吉野ヶ里遺跡は田手川のつくる河岸段丘の先端部に位置して，約10mの高さの楼閣からは，筑紫平野や佐賀平野を見通すことができる。

図Ⅱ-45　大阪平野（高橋・外山 2000）

グラ：立地条件として適しているのね。
ジオ：さらに，佐賀県の鳥栖は，今でも鹿児島本線や長崎本線の結節点で，古来交通の要衝だったことがわかるよね。
グラ：そういったところに集落が形成されるのね。
ジオ：この辺りの丘陵地には大規模遺跡の存在する可能性があるんだ。

④縄文時代

ジオ：約6000年前のヒプシサーマルという温暖期には，海面が上昇したと考えられるけど，たとえば河内平野の北部が水没した状況をデジタルマップで表現することもできるんだ（図Ⅱ-45）。

(3) 未来を予測する

①あなたの家は大丈夫？

ジオ：地理学は過去のことを研究してそれを将来に生かす研究分野でもあって，過去を復原することで未来を予測することができるよね（図Ⅱ-46）。

たとえば直下型地震を予測する上で，活断層の分布状況を知ることは重要だね（図Ⅱ-47）。また，プレート性の地震で，南海トラフ地震の際に震度と津波の高さと津波の及ぶ範囲が推定されているね（図Ⅱ-48）。

津波は川を逆流して内陸まで達するけど，今鉄筋コンクリート3階建て以上の建物がデジタルマップ化されていて，津波の際の避難場所に指定されているよね。

グラ：津波緊急避難所も各地に設置されているわね（写真Ⅱ-16）。
ジオ：また，地震の際の避難場所への誘導経路の検討が進められているんだ。避難場所と

4. 紙地図とデジタルマップ　65

```
未来を予測する
①あなたの家は大丈夫？
　・活断層と直下型地震
　・災害対策－南海トラフ地震と津波
②地球温暖化の弊害
③地域情報のデジタルマップ化
　・次世代のカーナビシステム
```

図Ⅱ-46　未来を予測する

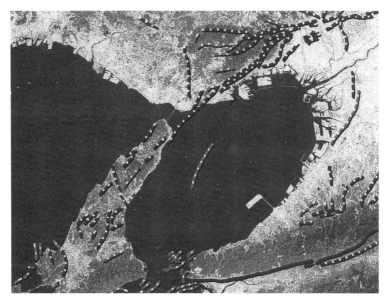

図Ⅱ-47　近畿地方の活断層の分布（写真化学 1997c）

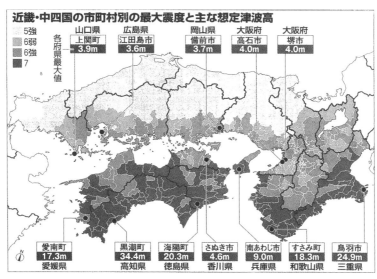

図Ⅱ-48　最大震度と主な想定津波高（朝日新聞社 2012）

写真Ⅱ-16　津波緊急避難所

して学校の校庭が指定されているけど，樹木のない所や針葉樹の多い校庭はむしろ火災旋風を引き起こしやすいんだ。一方，常緑樹の多い公園がより安全で，そうした場所への避難経路の見直しが，デジタルマップをつかって進められているね。

②地球温暖化の弊害
ジオ：温暖化に伴うさまざまな弊害が予測されているけど，なかでも気象災害の増大と規模の拡大が懸念されていて，各行政単位でハザードマップが作成されているね。

③地域情報のデジタルマップ化
ジオ：GISを利用して音声で目的地をいうと，現在地からの情報が音声出力されて，一番早い時間とルートで目的地にナビゲートしてくれるんだ。さらに，運転しなくても自動的に目的地に着ける新たなカーナビシステムの開発が今進められているよね。
グラ：未来の予測をデジタルマップを通して可能にすることができるのね。
ジオ：これからはデジタルマップの時代だね。

第Ⅲ部　地名

1. 地名とは

◆ 地名と人びとの生活

ジオ：地域の情報を知るうえで最も重要な要素，これが地名だね。地名というのは日常生活と密接にかかわっていて，住んでいる所に必ず地名があるけど，日頃地名というものを強く意識することはないよね。

グラ：地名はどこにでもあるから，その重要性はあまり認識されていないわね。

ジオ：水や空気と同じようにありふれた存在，これが地名だね。ところが，この地名が人間の生活のなかでいかに重要な意味をもつか。日常生活や言語生活というのは，この地名を抜きにしては成り立たないね。

グラ：日常会話のなかには必ず地名が出てくるわね。

ジオ：「どこどこに行って来た」，「これからどこどこに行く」といった会話は絶えず交わされるよね。

グラ：ジオ，その地名とは何？

ジオ：総称としては，geographical name（土地に立脚した名称），あるいは toponomy（土地や地形）。その他に主に自然物を対象とした名称として，feature name とか toponym といういい方もするし，place name これは居住地や場所の名称，あるいは cultural feature name といった人工物の名称などがあるね。

グラ：こうした地名を定義すると？

ジオ：いくつかあるけど，まず過去の文化の発達のあとを伝える貴重な記録なんだ。あるいは，地表を分割している個々の対象物の名の総称ね。さらには，土地が表現する自然的・人文的形態に名づけられた名称，といったように定義づけられるんだ。
そして，この地名は，第一義的には土地本来の性質から生まれた名称ね。つまり，地名の意味が土地の成立を説明していて，これが地名の起源の研究に応用されてきた。民俗学の柳田国男が重要視した地名がこれだね。
また，第二義的には建築構造物とか居住空間から転じて周辺の地名となったもので，たとえば稲荷などの神社の名前とか善光寺などの寺の名前が地域名となっているところは多いね。
このように，地名の概念というのはいろいろあって，規定することはなかなか難しいけど，地表空間のあらゆるものの名称，これが地名だね。地球上では，大小あわせて数千万の地名がつけられているんだ。

グラ：数千万……。

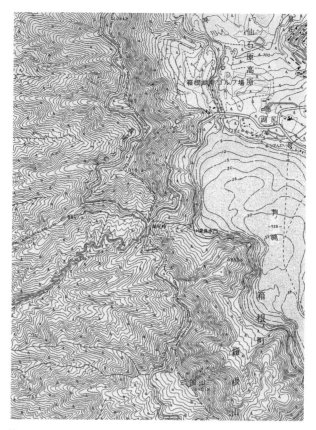

図Ⅲ-1　2万5千分の1地形図「裾野」図幅（国土地理院 1976）

ジオ：その対象物には，行政自治体や村落・都市，自然物，人工構造物などがあって，具体的には，行政自治体では国名や地域名があるし，日本でいえば都道府県名や市区町村名，字名などがあるよね。また，山，川，海，湖沼，島，峠，岬といった自然物，さらには橋，神社，寺院などの人工構造物などがあげられるね。

ジオ：次に地名の特徴だけど，これは五つあるんだ。まず，地名の由来の起源が不祥・よく分からない場合，これは「牽強付会の説」といって，都合のいいように無理にこじつけた地名があるんだ。古代に『記・紀』や『風土記』の編纂がおこなわれたけど，『風土記』は国家意識の高揚をはかって国土の情報の収集にあたったもので，これらのなかには由来の分からない地名が多いんだ。

　次に，漢字の当て字が多くて，漢字の移入によって，本来は音だけであったものが文字の使用が多様化して，当て字の地名が生まれたんだ。

　さらに，「異音呼称」といって，漢字の別の音の影響を受けた地名があるんだ。

　グラフィー，箱根の芦ノ湖の北岸にこういう地名があるんだけど（図Ⅲ-1）。

グラ：こじり（湖尻）……。

ジオ：本来はそう読むけど，これは「うみじり」という地名で，小説や物語に出てくる。

尻というのは奥の方という意味で，芦ノ湖の北の奥の方ということで「うみじり」なんだ。

ジオ：そして，漢字は一字一字が一定の意味を持つ表意文字だね。
グラ：だから，音訓の読み方がいろいろあるのね。
ジオ：そのために多様な地名の読み方が存在するんだ。また，発音の地域差，つまり方言による地名の読みの違いがみられるね。これは地元読みやよそ者読みといわれるものなんだ。
　こうした地名を対象とした研究が進められていて，地名学として発展しているね。ただ，従来の地名学の研究は，地名の語義学や起源説に終始していたんだ。地名というのは，総合的な社会事象や文化事象として存在するよね。
　だから，地名学は，関連諸科学の共同成果を伴う学際的な研究分野で，地名を扱うためには，地理学や歴史学，民俗学，言語学，地図学などの総合的な共同研究が必要になって，地名はやればやるほど詳細な調査や分析が求められるんだ。
グラ：それほどに広範で奥深い学問分野なのね。

2．日本の地名の分類と地域性

a．地名の分類

ジオ：次に，日本の地名の分類についてみていくね。地名には特有の発生の理由や歴史，地域性があって，人びとの生活と密接にかかわっているよね。
　その地名の分類の手順だけど，まず地名を要素によって分類・抽出するんだ。また，地名の性質や発生の原因，発生の動機の明確なものの共通要素を抽出する。さらに，地名の性質や存在意義を根源に遡って詳細に検討して，その地名の意味を考察する。そして，地名の要素からその一般的性質を解明していくんだ。
　この手順に従って地名を分類すると，大きく二つあって慣用地名と新付地名。慣用地名というのは，自然にできあがったと判断される地名のことで，まず自然地名があげられるね。
グラ：地形に由来する地名が多いよね。
ジオ：そう。しかも，平野よりも山間や山麓の地名が多いんだ。
グラ：なぜ？
ジオ：山間や山麓では土砂崩れや崩壊などで地形が複雑に変化をするよね。これが生命の安全にかかわったり，生活のための資料を得たり，交通や運搬などに直接影響を与えるんだ。
グラ：だから地名化されやすいのね。
ジオ：これに対して，平野では地形の大きな変化はないから平野の地名は少ないのね。ま

表Ⅲ-1 地名の組み合わせ

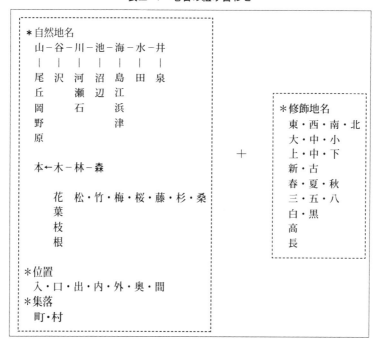

　　　　た，生物地名だけど，これは植物の方が動物よりも多いんだよ。
- グラ：それは？
- ジオ：植物は長年同じ所に成育して，人びとの生活上の目印になることがあるんだ。村の鎮守の森がその例で，だから地名化されやすい。また，特に栽培植物などの有用植物は，人間の生活と密接にかかわっているから，これも地名化されやすいんだ。グラフィー，たとえば「稲」のつく地名をあげてみて。
- グラ：京都府をはじめとして稲荷という地名は多いわね。
- ジオ：静岡県の伊豆に稲生沢川(いのうざわ)，愛知県の稲沢市，東京都の稲城市(いなぎ)などがあるよね。
　　　　グラフィー，「桜」のつく地名は？
- グラ：奈良県の桜井市。
- ジオ：その他には，栃木県のさくら市やさいたま市の桜区，茨城県の桜川市などがそうだね。このように，人と自然，特に人と植物との交渉の歴史が有用植物の地名になっている場合が多いんだ。これに対して，動物は生息場所をかえるために地名にはなりにくいのね。

- ジオ：こうした自然地名と位置，集落，これらと修飾地名との組み合わせをみると，日本の地名は自然地名同士の組み合わせやそれと位置や集落名，修飾地名との組み合わせが多いんだ（表Ⅲ-1）。
　　　　こうした自然地名に対して人文地名というのがあって，特に多いのが歴史地名で，当時の政治体制や社会制度，土地制度に関係しているものが多くあるんだ。

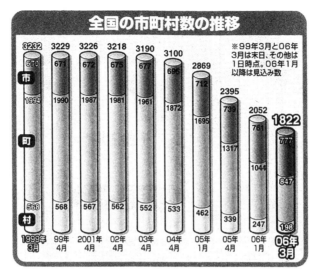

図Ⅲ-2　全国の市町村数の推移（中日新聞社 2005）

さらに，修飾地名というのがあって，これを指示地名ともいうんだよ。これは，自然地名や人文地名の内容を修飾あるいは指示するもので，上下とか大小，新古，その他色彩や形状といった，その土地の特色を強調したものなんだ。

2番目に新付地名。これは何らかの必要が生じてつけられた地名で，1962年（昭和37年）に公布された法律による住居表示の変更などでつけられた地名があるんだ。

グラ：これまで，市町村合併とか地域開発に伴う団地造成が盛んにおこなわれてきたよね。

ジオ：そうだね。2001年の5月1日に埼玉県の浦和市と大宮市，与野市が合併して「さいたま市」という政令指定都市が誕生して，2005年の4月1日に岩槻市がこれに加わって拡大したね。

そして，2005年に「平成の大合併」（図Ⅲ-2）ということで，全国規模で市町村合併があって，2006年の3月までに3000以上あった市町村が1822までに減少して，2019年には1741になっているんだ。

グラ：……。

ジオ：こうした新付地名のなかには，歴史性や地域性を無視したありふれた地名が採用される場合があるよね。

グラ：たとえば？

ジオ：大手町や朝日，千代田，昭和，文京，平成などで，これらはものまね地名ともいわれるんだ。圧倒的に多いのが「～銀座」で，これは繁華街の代名詞だね。市や町の飲み屋街に「～銀座」があるよね。

◆ 銀座の由来

ジオ：この銀座という地名は，全国に300以上，東京都内でも90か所あって，中央区

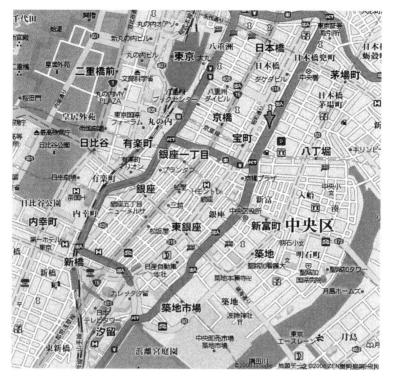

図Ⅲ-3　東京都中央区銀座（ZENRIN HP 2008）

　　　では京橋から新橋にかけての地域をさすんだ（図Ⅲ-3）。
グラ：なぜここに銀座という地名がつけられたの？
ジオ：それは，江戸幕府が銀貨の製造所をこの地に置いたことに由来するんだ。これは，慶長17年（1612年）に駿河の国府の駿府，現在の静岡市から銀座がここに移されて，銀座という町名になったのは明治2年（1869年）のことだね。日本橋とか銀座あたりは，徳川時代には貝殻などが落ちていた砂浜だったんだ。それが今では，1m^{2}数百万円の地価になっている。
グラ：……。
ジオ：この銀座に，江戸時代には各地の藩主のつくった町の名がつけられていたんだ。
グラ：たとえば？
ジオ：銀座5丁目と6丁目は1930年までは尾張町といっていた。8丁目が出雲町で出雲の藩主がつくった町で，その通りは出雲通りとよばれたんだ。この出雲通りは，その後花椿通りになったんだよ。

ジオ：話を戻して，その他の新付地名もいろいろあって，町外れなのに中央町とか，緑の少ない緑町，坂のない八坂町。
グラ：……。

写真Ⅲ-1　2万分1空中写真（国土地理院 1975）

ジオ：団地造成に伴うものとして，植物に由来する団地地名が多いね。百合ヶ丘や桔梗が丘，梅ヶ丘，ローズタウン。さらに太陽にちなんだ団地として，朝日が丘や夕日が丘，その他には自由が丘や平和が丘，希望が丘などなど。
「〜台」や「〜丘」という地名のところに住んでいる人は多いと思うけど，これらの地名には気をつけないといけない場合があるんだ。

グラ：どうして？

ジオ：団地造成の場合（写真Ⅲ-1），切り土ではなく盛り土の部分は谷を埋めたり，縁辺部を補強した埋立地になっていて，地震や台風などの大雨の際にこれが陥没したり崩壊するんだ。

グラ：北海道地震でもそうした陥没の被害があったわね。

ジオ：また，沖積低地では旧河道や後背湿地などの微凹地に建てられる住宅が多くなってきて，こうしたところは水害が発生したり津波の際に浸水しやすいんだ（写真Ⅲ-1）。

b．地名の地域性

ジオ：次に，日本の地名をまずⅠ自然地名とⅡ人文地名，Ⅲ指示地名に分けて，Ⅰを1地形地名―1）高所地名，2）平地地名，3）低所地名，4）水辺地名，5）傾斜地地名，6）崩壊地地名と，2その他の自然地名―1）動植物と地名，2）鉱物と地名，

写真Ⅲ-2　2万分1カラー空中写真（国土地理院　1975）

3) 気象と地名に細分したんだ。

また，Ⅱを1 歴史地名－1) 古代，2) 中世，3) 近世にそれぞれ由来する地名と，2 生活地名－1) 農耕と地名，2) ムラと地名，3) 信仰と地名，4) 職業と地名，5) 交通と地名に分け，さらにⅢを1 位置，2 形容詞，3 数詞，4 接頭語・接尾語・助詞に分けてみたんだ（資料1　日本の地名の分類）。

こうした地名の分類に従って，日本の地名をみてみると，自然現象や人文現象との密接なかかわりや地域性がみられるんだよ。また，地名の分類を通して，地名と人名とのかかわりや名字の由来なども考えて欲しいんだ。

さらに，地名を通して「土地の履歴を知る」ことも重要なんだ。住んでいる近くに低所地名や水辺地名があると要注意で，地震の際に地盤沈下や液状化現象，津波などの水害の可能性があるんだ。

　グラ：土地の履歴を知る……。

3. 地名と人名

　ジオ：次に地名と人名とのかかわりについてみるね。
　グラ：地名発生の理由は人名と密接にかかわっているよね。

3. 地名と人名　75

写真Ⅲ-3　福井県の「丸」地名
（中日新聞社 2015）

ジオ：古代地名が人名になったものとして条や三宅，連，中世地名が人名になったものとして別所や寺田，城山，神社や寺，役所の身分が人名になったものとして，禰(ね)宜(ぎ)や役所などがあるんだ。また，土地を領有した領主の名前が村名や集落名となったものがあるね。

さらに，地主が開墾した土地に発生した名田百姓村には，「名」とか「丸」という人名や地名があって，福井県には国道沿いに「太郎丸」から「五郎丸」まで，「丸」という地名が連続するんだ（写真Ⅲ-3）。

グラ：……。

ジオ：また，新潟県の佐渡や島根県，鳥取県に「石を見る」と書いて「いわみ」とよぶ地区があって，そこには「石見」の姓が多いんだ。これは世界遺産に登録された島根の石見銀山から佐渡の相川銀山に移り住んだ人たちの子孫で，「姫津」という漁村でのヒアリング調査では，村のほとんどが「石見」の姓なんだ。

グラ：同一姓の人が血縁の有無に関係なく多いのね。

ジオ：さらに，石川県能(の)美(み)市の下開発町には，方角をつけた地域があって，そこに東・西・南・北・中の各名字の人が住んでいるんだ。

グラ：名字を聞けば，住んでいる場所がわかるのね。

◆ あなたの名前の由来は？

ジオ：平民が名前を持つようになったのは，明治時代の明治3年（1870年）の「平民苗字許可令」で，「苗字（以下名字）を名乗っていいですよ」という布令が出されてからなんだ。でも，なかなか普及しなかったんだ。

そこで，明治政府は明治8年（1875年）に「平民苗字必称義務令」を公布して，全ての国民に名字を名乗らせたんだ。

グラフィー，「名字の日」が年に2回あるの知ってる？

グラ：2回も？

ジオ：「平民苗字許可令」が9月19日に，「平民苗字必称義務令」が2月13日に出されたので，両日が「名字の日」になっているんだ。

ジオ：地名の分類のところで，自然地名同士の組み合わせやそれと位置や集落名，修飾地

表Ⅲ-2 「藤」の人名

「藤」の姓は藤原氏の流れ	役職が名字
下野国佐野庄→佐藤	武者所→武藤
加賀国→加藤	内舎人（うどねり）→内藤
近江国→近藤	斎宮頭（さいくうのかみ）→斎藤
伊勢国→伊藤	
遠江国→遠藤	

名との組み合わせが多いという話をしたよね。しかもこれは人名とも密接にかかわっていて，名字には祖先が暮らした場所の風景が込められている場合が多いんだ。名字のなかには，自然地名に則したものが多くて8割，その他には屋号や職業，信仰や伝承に由来するものがあるね。

ジオ：藤の人名は藤原鎌足に由来していて（表Ⅲ-2），下野国の佐野庄の藤原氏は佐藤，加賀国は加藤，近江国は近藤，遠江国は遠藤，伊勢国は伊藤という名前が多いんだ。また，役所や職業に由来する人名として，武者所は御所を警備する武士の詰め所で，警備を担当する機関で武藤，内舎人は天皇の身近に仕える人で内藤，斎宮頭は斉藤。釈はお釈迦様で信仰や伝承に携わる人，服部は服織部からきているね。さらに，屋号に由来する名字として，米村や米谷があるね。

田や野・山・川などのつく名字は地名からついていることが多いね。また，名字の8割は，住んでいた地名や地形，位置関係に由来していて，たとえば中村は中心にある村や村の中心，坂下は坂の下，中間は地形と地形との間にあたるんだ。

ジオ：地名というのは周囲の合意や賛成なしには成立しないよね。
グラ：勝手にはつけられないわね。
ジオ：これに対して，人名はどうかというと，両親や名づけ親などの命名者個人の意志が強く反映されるよね。出生届けは2週間以内で，生まれてきていつのまにか「～ちゃん」とよばれて，その子が物心ついた時にはその名前に無意識に反応している，というのが現状だね。

一方，命名する方は，子供の健康や幸せ，将来への嘱望などを願って命名するよね。
グラ：これまでにどのような名前がつけられてきたの？

ジオ：平成元年（1989年）～15年（2003年）の男の子の名前をみると（表Ⅲ-3），「～太」や「～大」が人気で，翔太や健太が目立つね。
グラ：翔は「かける」や「空高く飛び回る」という意味があるから，そういう願いを込めて男の子につけられるのね。

表Ⅲ-3　生まれ年別名前ベスト10 ①（平成元年～15年）男性（明治安田生命HP 2019）

	1位	2位	3位	4位	5位	6位	7位	8位	9位	10位
昭64・平1年(1989)〔巳〕	翔太	拓也	健太	翔	達也	雄太	翔平	大樹	亮	健太郎
平成2年(1990)〔午〕	翔太	拓也	健太	大樹	亮	駿	雄太	達也	翔平	大輔
平成3年(1991)〔未〕	翔太	拓也	健太	翔	大樹	翔平	大輔	直樹	達也	雄大
平成4年(1992)〔申〕	拓也	健太	翔太	翔	大樹	大貴	貴大	達也	大輔	和也
平成5年(1993)〔酉〕	翔太	拓也	健太	大樹	大輝 翼	―	大輔	大地	翔	直樹 達也
平成6年(1994)〔戌〕	健太	翔太	拓也	翼	翔	大樹	大輔	亮太	大輝	大貴
平成7年(1995)〔亥〕	拓也	健太	翔太	翼	大樹	大貴	翔	亮太	拓哉	雄大
平成8年(1996)〔子〕	翔太	健太	大輝	翼	大樹	拓海	直人 達也	―	翔	康平 雄大 亮太
平成9年(1997)〔丑〕	翔太	翔	健太	大輝	陸	拓海	大地	大樹	翼 駿	―
平成10年(1998)〔寅〕	大輝	海斗	翔	翔大	大地 大樹 拓海	―	―	一輝	亮太	匠 智也
平成11年(1999)〔卯〕	大輝	拓海	海斗	大輔 陸 翔	―	―	大樹	翔太	翔太 蓮	
平成12年(2000)〔辰〕	翔	翔太	大輝	優斗 拓海	―	海斗	竜也	陸 蓮	―	一輝 健太 竜
平成13年(2001)〔巳〕	大輝	翔	海斗	陸	蓮 翼	―	健太 拓海	―	優太 翔太	
平成14年(2002)〔午〕	駿	拓海 翔	―	蓮	翔太 颯太	―	海斗	健太	大輝	大樹 優
平成15年(2003)〔未〕	大輝	翔	大翔 翔太	―	匠 拓海	太陽	―	蓮	悠斗	海斗 翼

ジオ：「大～」も多くて大樹や大輔に代表されるね。大輔は元ヤクルトの荒木大輔の影響で，昭和54年（1979年）から8年連続でトップだったんだ。また，一文字ネームも多くて，翼はJリーグブームを背景に，それまで35位だったのが，平成5年（1993年から上位になっているね。アニメの「キャプテン翼」が放映されたのが94年のことだね。さらに達也や和也は，アニメ「タッチ」の上杉達也と和也の影響もあるよね。

グラ：同時期の女の子の名前をみると（表Ⅲ-4），愛は昭和58年（1983年）から8年連続でトップだったけど美咲に取って代わられ，その後6年連続の1位だった美咲は明日香に取って代わられるの。また，彩花「あやか」・楓「かえで」・彩「あや」・萌「もえ」・葵「あおい」，茜「あかね」といった植物に関連する名前が多いわね。

ジオ：女の子の生まれた月や季節が命名に反映されているね。茜は根から赤色の染料をとることから「あかね」といったんだ。

グラ：以前は「～子」や「～美・美～」が多かったよね。「～子」は昭和元年から31年

表Ⅲ-4 生まれ年別名前ベスト10②（平成元年〜15年）女性（明治安田生命HP 2019）

	1位	2位	3位	4位	5位	6位	7位	8位	9位	10位
昭64・平1年(1989)〔巳〕	愛	彩	美穂	成美	沙織	麻衣	舞	愛美	瞳	彩香
平成2年(1990)〔午〕	愛 彩	―	愛美	千尋	麻衣	舞	美穂	瞳	彩香 沙織	―
平成3年(1991)〔未〕	美咲	愛	美穂	彩	麻衣	彩香	舞	愛美	早紀	千尋
平成4年(1992)〔申〕	美咲	愛	舞	茜	美穂	彩 麻衣	―	桃子	千尋	愛美 彩香
平成5年(1993)〔酉〕	美咲	愛	舞	里奈	彩 萌	―	麻衣	茜	彩香	彩花
平成6年(1994)〔戌〕	美咲	愛	萌	愛美	遙	千夏 彩香 葵	―	―	舞 麻衣 桃子	―
平成7年(1995)〔亥〕	美咲	愛	遙	佳奈 舞	―	葵	彩	菜摘	桃子	茜
平成8年(1996)〔子〕	美咲	彩	明日香	真由 萌	―	愛	楓	奈々 桃子	―	彩花 優花
平成9年(1997)〔丑〕	明日香	美咲	七海	優花 楓 萌	―	―	―	未来	彩 葵	―
平成10年(1998)〔寅〕	萌	美咲	優花	舞 彩乃	―	七海 葵	―	玲奈	明日香	未来
平成11年(1999)〔卯〕	未来	萌	美咲	亜美	里奈	菜々子	彩花	遙	七海	彩乃 優花 葵
平成12年(2000)〔辰〕	さくら 優花	―	美咲 菜月	―	七海 葵	―	美月 萌	―	明日香 愛美 詩織 彩花 彩乃	―
平成13年(2001)〔巳〕	さくら	未来	七海	美月 結衣	―	美咲	玲奈	優花 萌	―	琴音 彩花
平成14年(2002)〔午〕	美咲 葵	―	七海	美羽	莉子	美優	萌	美月 愛 優花 凛	―	―
平成15年(2003)〔羊〕	陽菜	七海	さくら	凜	美咲 葵	―	萌	美月 彩花	―	夏央 菜月

までトップを占めたのよ。

ジオ：今上位にあるのは桃子ぐらいだね。

ジオ：平成16年（2004年）〜30年（2018年）の男の子をみると（表Ⅲ-5），颯太「そうた・ふうた」や優「まさる」といった難しい漢字の名前が多いね。

グラ：子供の頃に自分の漢字が書けなくて泣いていた人がいたかも。

ジオ：同じ字でも読み方は多様化しているし，男の子は「大きい・広い」というイメージで命名されているね。平成18年では，陸・海・空が目立つね。

グラ：自衛隊のお子様かしら。

ジオ：……。

平成20年代になると「と」や「た」で終わる名前が多くなるね。

表III-5　生まれ年別名前ベスト10③（平成16年～30年）男性（明治安田生命HP 2019）

	1位	2位	3位	4位	5位	6位	7位	8位	9位	10位
平成16年(2004)〔申〕	蓮	颯太	翔太 拓海	―	大翔	颯	翔太 優斗 陸	―	―	翼
平成17年(2005)〔酉〕	翔 大翔	―	拓海	翔太	颯太	翼	海斗 輝	―	太陽 大和	―
平成18年(2006)〔戌〕	陸	翔太	大輝 蓮	―	翼	悠斗	翔太	海斗 空 優太 陽斗	―	―
平成19年(2007)〔亥〕	大翔	蓮	大輝	翔太	悠斗 陸	―	優太 優斗	―	大和	健太 悠希 翔
平成20年(2008)〔子〕	大翔	悠斗	陽向	翔太	悠人 颯太 蓮	―	悠太 翔	―	大和	駿 陸
平成21年(2009)〔丑〕	大翔	翔	瑛太 大和	―	蓮	悠真 陽斗	―	悠斗	颯真 颯太	―
平成22年(2010)〔寅〕	大翔	悠真	翔	颯太 歩夢	―	颯真 蒼空 優斗	―	―	大雅 颯	雄大
平成23年(2011)〔卯〕	大翔 蓮	―	颯太	樹 大和 陽翔	―	―	陸斗 太一	―	海翔	蒼空 翼
平成24年(2012)〔辰〕	蓮	颯太	大翔	大和	翔太 湊 悠人 大輝	―	―	―	蒼空 龍生	―
平成25年(2013)〔巳〕	悠真	陽翔	蓮	大翔 湊	―	大和	颯太	陽向 翔	―	蒼空 大輝 悠人 朝陽
平成26年(2014)〔午〕	蓮	大翔	陽向	陽太	悠真	湊 悠人 陸 駿	―	―	―	―
平成27年(2015)〔未〕	大翔	悠真	蓮 陽太	―	湊	颯太 陽翔 颯	―	―	陽光 大和 結翔 悠翔	―
平成28年(2016)〔申〕	大翔	蓮	悠真	陽翔	朝陽	樹	悠	陽太	湊 新 葵	―
平成29年(2017)〔酉〕	悠真 悠人 陽翔	―	―	湊	蓮 蒼	―	新	陽大	陽太 大和	―
平成30年(2018)〔戌〕	蓮	湊	大翔	大和	陽翔	悠真	樹	陽太 朝陽	―	悠人 蒼

グラ：同時期の女の子をみると（表III-6），「〜美」や「美〜」は連続していて，「さくら」や「ひなた」などのひらがなも多いね。また，「かきくけこ」で終わる女の子の名前が目立つわね。

ジオ：か行で終わると名前が引き締まるよね。

グラ：平成20年代になると「い」や「な」で終わる名前が多くなって，女性の名前が多様化していることがわかるわね。

ジオ：人名は，その時々の流行などによっても自由に命名されるけど，昔多かった太郎・花子や一郎・次郎は少なくなる傾向で，「〜子」は継続しているね。

表Ⅲ-6 生まれ年別名前ベスト10 ④（平成16年〜30年）女性（明治安田生命HP 2019）

	1位	2位	3位	4位	5位	6位	7位	8位	9位	10位
平成16年 (2004)〔申〕	さくら 美咲	—	凜	陽菜	七海 未来	—	花温	葵	結衣	百花 ひなた
平成17年 (2005)〔酉〕	陽菜	さくら	美咲	葵 美羽	—	美優	凜	七海 美月 結衣	—	—
平成18年 (2006)〔戌〕	陽菜	美羽	美咲	さくら	愛 葵 七海	—	—	真央	優衣	愛美 杏 結菜 優菜
平成19年 (2007)〔亥〕	葵	さくら 優菜	—	結衣 陽菜	—	七海 美咲	—	美優	ひなた 美羽 優衣	
平成20年 (2008)〔子〕	陽菜	結衣	葵	さくら	優菜	美優	心優	莉子 美桜 結菜	—	—
平成21年 (2009)〔丑〕	陽菜	美羽 美咲	—	美桜	結愛	さくら 結菜	—	彩乃	七海	ひなた 愛莉 杏菜 優奈
平成22年 (2010)〔寅〕	さくら	陽菜 結愛 莉子	—	—	美桜	美羽	葵 結衣	—	美咲 結菜	
平成23年 (2011)〔卯〕	陽菜 結愛	—	結衣	杏	莉子 美羽 結菜 心愛 愛菜	—	—	—	—	美咲
平成24年 (2012)〔辰〕	結衣	陽菜	結菜	優花 ひなた 心春	—	—	心愛	凜	美桜 芽依 優奈 美結 心咲	—
平成25年 (2013)〔巳〕	結菜	葵	結衣	陽菜	結愛	凜	ひなた 凛	—	愛菜 美結 陽菜	—
平成26年 (2014)〔午〕	陽菜 凜	—	結菜	葵	結愛	愛莉 美咲	—	結愛	桜	凜 心春 杏 愛梨
平成27年 (2015)〔未〕	葵	陽菜	結衣	さくら	凜	花	結愛 花音 心結 陽葵	—	—	—
平成28年 (2016)〔申〕	葵	さくら	陽菜	凜	結菜 咲良 莉子	—	—	結衣	結愛	花
平成29年 (2017)〔酉〕	結菜 咲良	—	陽葵	莉子	芽依	さくら 結衣 杏	—	—	結愛 凜	—
平成30年 (2018)〔戌〕	結月	結愛	結菜	杏	さくら 凛 葵	—	芽依	—	紬	莉子 陽菜 美月

4. 世界の地名の由来

◆ これで世界の地名がわかる

ジオ：テーマを「これで世界の地名がわかる」としたけど，地名には地名接尾語と地名接頭語があって，これを理解すれば世界の地名の由来がわかるんだ。

グラ：そうなの？

ジオ：まず地名接尾語からみていくと，ラテン語の ia，ゲルマン語圏の land，ペルシャ語圏の stan は「〜の国・〜の地方」という意味で，Austria オーストリア，Scotland スコットランド，Pakistan パキスタンなどの国や地域。

グラ：〜イアという地名は世界に多いわね。

ジオ：ペルシャ語の abad，ギリシア語の polis，フランス語の ville は「都市」という意味で，Islamabad イスラマバード，Persepolis ペルセポリス，Libreville リーブルビルなどの都市があるね。

ゲルマン語の burg，フランス語の bourg，スラブ語圏の grad，英語の castle，サンスクリット語の pur はいずれも「城壁都市」を意味して，特に中世に起源する都市が多いんだ。たとえば，Hambrug ハンブルク，Strasbourg ストラスブール，Beograd ベオグラード，Newcastle ニューカッスル，Kuala Lumpur クアラルンプールなどの都市があるね。

グラ：ヨーロッパを中心に多い地名ね。

ジオ：次に，サンスクリット語の nagar, nagara は「都市・町」を意味して，Ahamdnagar アーマドナガルなどがある。スラブ語圏の sk は「市・町・村」の意味で，Khabarovsk ハバロフスクなどロシアに多い地名接尾語だね。

また，英語の ton，ペルシャ語の kand，トルコ語の kent は「町・村」という意味で，Washington ワシントンや Samarkand サマルカンド，Tashkent タシケントなどがあるね。英語の mouth は「河口」を意味して，Portsmouth ポーツマスなど，世界中に多い地名だね。英語の bridge, bruck，ドイツ語の brücke は「橋」を意味するんだ。

グラ：Cambridge ケンブリッジや Saarbrücken ザールブリュッケンなどがあるわね。

ジオ：英語の nesia は「島の国」を，ギリシア語の nesos は「島」を意味して，Micronesia ミクロネシアや Peloponnesos ペロポネソスなどに代表されるね。

ジオ：次に，地名接頭語をみると，フランス語の mont やスペイン語の sierra は「山」を意味して，Mont Blanc モンブランや Sierra Nevada シエラネバダなどだね。
英語の port やポルトガル語の porto は「港」を意味するね。

グラ：Portland ポートランドや Porto ポルトなど，「港」を意味する地名は世界に多いわね。

ジオ：さらに，英語で san，スペイン語で sant，フランス語で saint はいずれも「サン」

と発音するけど，キリスト教の信仰地域に多くて「聖」を意味するんだ。

グラ：San Francisco サンフランシスコや Santiago サンティアゴ，Saint Nazaire サンナゼールなど，これらも世界各地に多い地名だね。

ジオ：スペイン語の rio は「川」を意味して Rio Grande リオグランデなど，川の地名は各地に多いね。

ジオ：ここでは，世界の地名の由来を，まず自然を「川・堤防・橋・水」，「湖沼・海・島」，「山・高地」，「その他の地形・土地」，「植物・動物」，次に「港」，「方向」，「色」，「城壁都市・集落」，「人種・民族」，「人名」，「宗教」，「その他」に由来する地名に分けてそれらの語源をみてみたんだ。

世界の地名がどういった背景のもとでつけられたのかをみると，自然や歴史などと密接に結びついていることがわかるんだ。ここでは，世界の地名の由来を，ヨーロッパ，アジア，アフリカ，北米，中南米，オセアニアの順にみていくね（資料2　世界の地名の由来）。

ジオ：ところでグラフィー，ここでは地域の情報を地理的視野の拡大と地図と地名でみてきたけど，身近な地域の情報も同じような視点と方法でみることができるし，その変化を理解することができるよね。

グラ：たとえば？

ジオ：小学校の頃の登下校を振り返ってごらん。毎日通っていた道や周りの景観の変化，道端の草のにおいが懐かしいよね。

また，自宅から学校までの地図や地名が頭の中に描かれていて，高学年になるにつれて地理的視野が拡大していったよね。

そして，大人になって母校の小学校に行くと，その時に高く感じていた校門やブランコ，鉄棒が小さく，低くみえるよね。あれって何だろう。

グラ：大人の目線でみてるだけからかぁ……。

ジオ：成長した自分が，純粋であった頃を引き出してくれるんじゃない？
素直に自分を見つめ直せる空間が，学校であり通学路かもしれないね。

グラ：こうした身近な地域の情報を別の角度と視点で時空間を超えて見つめ直すと，新たな発見があるわね。

ジオ：グラフィー，この1〜6のシリーズで二人でいろいろな旅をしてきたけど。

グラ：まだまだ旅していないことや地域が多いわね。

ジオ：そうだね。人生そのものが旅だよね。

グラ：これからどんな旅していこうか。

ジオ：心の旅。

グラ：……。

資料1　日本の地名の分類

a．自然地名

(1) 地形地名
①高所地名
- ヤマ（山）－平地よりも少しでも高ければ山や山林
    - ＊全国に丸山古墳があり，小さな円墳でも山という
    - ＊中世や近世の絵図に描かれている山の多くは，段丘のように小高い所
- タケ（岳・嶽）－高い山，山中の一峯　　＊長野と岐阜の県境に御嶽山
- ネ（根）－山の頂（いただき）・峰のネ　　＊箱根・高根
    - ＊白根（しらね）－白根山は全国に三つ，群馬と栃木，群馬と長野，山梨と静岡との県境
    白根三山というと山梨・静岡の境の間ノ岳（あい），農鳥岳，山梨の北岳
    南アルプス市になった山梨県の旧白根町，「しろね」というと合併して新潟市になった白根町
- ミネ（峯・峰・嶺）－美称のミをつけたもの　　＊長野県諏訪の霧ヶ峰
- ホ（穂）－嶺の尖端部分や山頂部　　＊長野県松本西部の穂高岳
    - ＊群馬県高崎市北部の伊香保，当初は山全体の名
    いかついホ（厳つ穂）からイカホ山・－嶺・－沼・－湯となり温泉名
- オカ（丘・岡）も高所地名
- オネ（尾根）・ウネ（畝）－山や丘が長く尾をひいて連なる状態
- ソネ（曽根）－侵食作用を受けながら残った部分で，山頂部より一段低い所にある小さな平地や長く突き出した台地状の地形
- ソリ（反）－山の峰などの高い所，尾根
- トウゲ（峠）－山の鞍部　　＊col－エベレストのサウスコル
- ダイ（台）－台地状の地形の上部一帯で，テンダイ（天台）というと台地状地形の最高所
    タナ（棚）－台地状の地形の上部または途中の棚状や段々状の所
- ハケ（額）・ハナ（鼻）・サキ（崎）・タテ（館）など，台地の先端部の地名は多い
    - ＊人の顔の額や鼻にあたるところ
    - ＊物事の始まりをハナという
    - ＊台地状の先端部分がきりたっていると立ちバナといい人名に多い
- ハナワ（花輪・塙）－台地の先端の部分が輪っか状になった所
- タカナワ（高縄・輪）－ハナの部分が高い所→高ハナワ→高ナワ
    - ＊愛媛県の松山市の東に高縄半島や高縄山
    - ＊高輪（たかなわ）－東京都の港区泉岳寺（せんがくじ）駅，赤穂浪士の墓，以前は皇族や華族の高級住宅地
    現在は高層の住宅街でTVドラマのロケ地
    - ＊群馬県の高崎・伊勢崎－広瀬川に臨んだサキ，台地の先端部に伊勢の宮が祀られる
    - ＊群馬県の館林－花輪と同様にタテの地形，台地の先端部が居館に利用されたことから館林
- ツキヨ（月夜）－段丘部分の高い所あるいはその斜面にあたる地形（写真Ⅲ-4）
    ツキ－微高地，ヨ－段丘と段丘の間
    - ＊ツイジ（築地）－東京のツキジは砂堆の上に立地した市場
    豊洲は豊かな土地になるように命名された埋立地
- ツルマキ（鶴巻）－蔓（つる）を巻き上げて中央を高くした状態
    - ＊古墳のことをツルマキヤマ，ツルマキは古墳から発生した地名
    - ＊鶴巻古墳－群馬県高崎市，鶴巻温泉－神奈川県秦野市（はだの）

写真Ⅲ-4　伊勢市の月夜見宮（つきよみのみや）（国土地理院 1975）

図Ⅲ-4　奈良盆地（高橋ほか 2000）

- ヨコマクラ（横枕）－細い渓流が侵食してコの字形に残された台地，これを横に長い枕とみなした地形

②平地地名
- タイラ（平）－平地，盆地
- ナラ（奈良）－山間の小平地，緩傾斜地－土地をナラス（平らにする）が地名化
  - ＊奈良盆地は生駒・金剛山地と笠置山地に囲まれた平地（図Ⅲ-4）
- ノ（野）・ハラ（原）－野原
- ウツノ（内野）－人里離れた平らな場所
- ワ（輪）－平面が輪状をなしている地形　　＊輪中（わじゅう）
  - ＊箕輪－山の尾根が麓に向かって張り出していて，両側の谷によって箕を伏せたような地形，要害の地となって中世の山城に利用
- フクロ（袋）－地形が湾曲して袋状をなす所
  - ＊東京都の池袋はかつては場末（ばすえ）の盛り場で，そこにJR，私鉄の西武と東武，地下鉄が通り大繁華街となる
- フクラ（福浦）－地形が湾曲した海岸地域
  - ＊兵庫県淡路市の福良と石川県志賀町の福浦はいずれも港
- サマ・ハザマ（狭間）－地形が急に迫って，河川と山地が相接するような地形
  - ＊神奈川県中北部に座間市
    桶狭間（愛知県豊明市栄）－1560年織田信長と今川義元との古戦場

③低地地名
- ネ（根）－ヤマネ（山根）やネギシ（根岸）は尾根，台地，土手などの高所の根もとにあたる部分
  - ＊ママネ－土手の下－傾斜地のママの根の所，ママ－土手状の傾斜地
    ネギシ－東日本に多くみられる地名（図Ⅲ-5）
- アクツ（阿久津）－段丘の崖下の湿地
- アクト（悪途）－洪水（悪水）によって生じた悪い処，アク（灰汁・濁り水）のある処－アクをとる
- ヤ（谷）－谷
  - ＊渋谷－駅は渋谷川の谷地形にある（図Ⅲ-6）
  - ＊熊谷・深谷－埼玉県北部－熊谷の西隣りに深谷－ネギの産地
- ヤツ（谷津）・ヤト（谷戸）－谷あい，水のある所で湿地
- タニ（谷）・カイ（峡・貝）－渓谷
    山と山との間，両側に山の迫っている所

図Ⅲ-5 「ネゴヤ」「ネギシ」の分布
（鏡味 1984）

視点 金華山沖
眼高 600km
1方眼 300×300m²

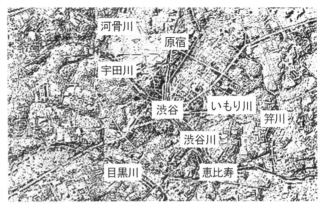

図Ⅲ-6 渋谷駅と渋谷川（Shibuya1000HP 2019）

写真Ⅲ-5 山梨県（写真化学 1997a）

＊甲斐の国（山梨）の語源（写真Ⅲ-5）
・サワ（沢）－渓水の流れている谷
・イリ（入）－谷や沢のように入りくんだ地形
・ウバガフトコロ（姥が懐）－狭い谷が一段とくびれた所
　　＊南に面して日当りがよくて，自然に風を防いで乳母の懐にいるような地形の所
　　　転じていっそうしわの多い地形
・ワダ（和田）－山の谷間や窪地　　＊人名に多い
・ホラ（洞）－山中や山麓の放射谷状の地形のところ，あるいは豪雨などによる急な出水で一挙に土砂を
　　　　押し流してできた所　　＊岐阜県に多い地名

④水辺地名
・イ（井）－本来は泉や川などから水を汲み取る所　　＊イド（井処）
　　＊東京都の吉祥寺に井の頭公園－神田川の水源
・イズミ（泉）－出水（いずみ・ですい）－水が湧き出る所
・シミズ（清水）－ススミズ－清らかな水
・チョウシ（銚子）－おちょうし・徳利から酒を注ぐように滝が上から落ちてくる－滝水のような状態
　　＊千葉県銚子（写真Ⅲ-6）－2説－鳥の嘴（くちばし）－利根川の河口の地形の形状
　　　　　　　　　　　　　酒器のお銚子に似ていることに由来
・セン（千・仙・線・泉・潜・澪）は多種の漢字の地名－滝，滝壺を含む急湍な地形

写真Ⅲ-6　銚子（菊池 1984）

写真Ⅲ-7　長瀞（E 壁紙 HP 2018）

写真Ⅲ-8　瀞峡（NTT Resonant Inc. HP 2006）

- ニタ（仁田）－沢水などがよどんで土にしみ込んだ泥地または湿地
- ナメ（滑）－水が滑らかに流れる様子，滑りやすい状態　　＊富山市北部に滑川
- トロ（瀞）－川の流れが静かで深いところ
  - ＊山形県東根市に長瀞，埼玉県西北部に長瀞町（写真Ⅲ-7）
  - 瀞八丁（どろはっちょう）－和歌山・奈良・三重県境の観光地（写真Ⅲ-8）
- タシロ（田代）－湿原　人名も多い
- ヌカリ（ヌカルミ）・フケ・ヒドロ（干泥）・ドブ（土腐）－いずれも地面がぐずぐず・じゅくじゅくした湿地や湿田

⑤傾斜地地名

- ハバ（幅・羽場）－傾斜地の上部部分あるいは上部の平地
- ハバタ（羽場田）・（端ばた）－山の端のそば
- ヒラ（平）とサカ（坂）－傾斜地地名　　＊タイラとよぶと平地地名
  - ＊『古事記』に「黄泉比良坂（よもつひらさか）」－イザナギ・イザナミの神話，現世とよもつの国つまり死んだ人の魂が行く所との境界にあるという坂で，墓になっていることが多い
  - ＊大平，平井，長坂，赤坂－人名に多い
  - ＊赤坂－赤い関東ローム層（富士山や箱根起源の火山灰が土壌化した地層）の露出した赤色をした坂
- ママ（間々・儘）－土手状に傾斜地が長く続いている状態
- タル・タレ（樽・垂）－地形が垂直になっているところ
  - ＊滝のことをタルミ，このタルを流れる水のことを滝
- ヒナタ（日向）・ヒカゲ（日影）－川が東西方向を流れて渓谷をなした場合に，その両側の斜面のこと
  - ＊日向では松の成育がよくマツタケができる，日影では杉が育つ
- オロ－日影と書いてオロ，北斜面の傾斜地のこと　　＊表裏の裏がオロに転じたもの
- コシマキ（腰巻）－山や傾斜地の中腹のこと　　＊山の腰の部分を取り巻いていることから腰巻

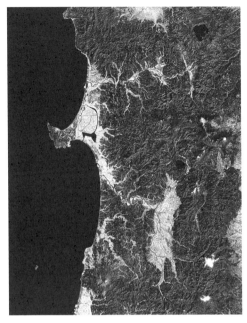

写真Ⅲ-10 大歩危・小歩危
（日本の絶景観光スポットHP 2018）

写真Ⅲ-9 横手盆地（中央）と鷹巣（北）（写真化学 1997b）

- ヨコテ（横手）－横長状の地形　　＊ママに近い地名
    ＊秋田県南部の横手盆地は縦に長い（写真Ⅲ-9）
- ハマ（浜）－崖・斜面・堤防・海浜などの崩壊地形や侵食地形

⑥崩壊地地名
- ホケはホウカイからきていて，崩れやすい地肌のこと
    ＊徳島県の吉野川上流に大歩危・小歩危という観光地（写真Ⅲ-10）
- ナギ－崩れやすい崖で山の斜面が崩れて石がごろごろしているところ
    　　　転じてゴウロ－崩壊地や急傾斜のがけのこと
    ＊箱根に強羅（ごうら）温泉－急傾斜地で急な坂の多い温泉町
- クエ（崩）－崩壊したところ　　＊九州では「くずれる」ことを「クエル」と表現する
- ジャグエ（蛇崩）・ジャバミ（蛇喰）
    －ヘビの腹状に岩盤が長々と露出したり，あるいは岩石が転がっている状態
- ジャヌケ－洪水によって土砂が押し出された跡
- カケ（欠）・ガケ（崖）－土地が欠けるところ，急傾斜の崩壊地，崖端（がけっぷち）
    ＊欠端－人名に多い

(2) その他の自然地名
①動・植物と地名
- 動物に由来する地名－犬，猫，熊，狸，狐，狼，鶴，鷺（さぎ），鷲（わし），鳶（とび），鳩，燕，鶉（つばめうずら），鮎，鰻，亀など
    ＊鶴は飛来地に多い地名（図Ⅲ-7）で，ハングル語では「ツルミ」といって共通語
    ＊燕は新潟県中西部の市（図Ⅲ-8）で洋食器の産地・温泉地。積雪が多く春から秋の間に温泉を利用することから，この時期にやってくるツバメにちなんでつけられた地名
- シカ（鹿）　＊鹿野（かの）－山口県北東部の中国自動車道沿いの盆地
    ＊千葉県には鹿野山（かのうさん），広島県に鹿川（かのかわ）
- シシ（猪・獅子）　＊獅子吼（ししく）－石川県南部の高原名，獅子吼手取県立自然公園
- タカ（鷹）　＊鷹巣（たかのす）－秋田県北部の能代東の盆地と町（写真Ⅲ-9）
    ＊御巣鷹－群馬県西部の山

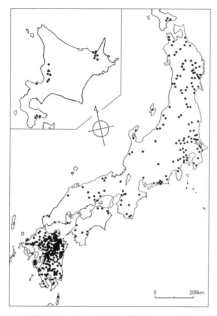

図Ⅲ-7　ツルの分布（鏡味 1964）

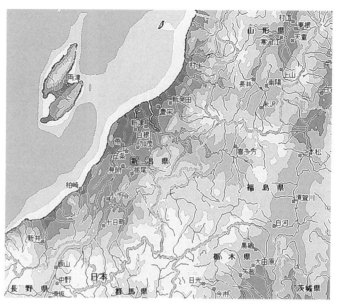

図Ⅲ-8　燕（マイクロソフト 2001）

写真Ⅲ-11　蓼科山・温泉

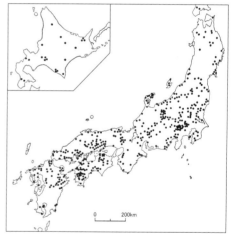

図Ⅲ-9　フジの分布（鏡味 1964）

・**植物に由来する地名**−麻，葦，稲，芋，梅，瓜，漆，荻，桐，葛，栗，桑，笹，篠，科，杉，菅，蕎麦，竹，栃，梨，萩，藤，松，麦，柳など
  ・アサ　麻のつく地名として，茨城県に麻生町，2005年に行方市（なめがた）の町に地名変更
  ・イネ　稲　＊稲生沢川（いのうざわ）−静岡県の伊豆半島の下田
  ・キリ　桐　＊桐生市−群馬県南東部
  ・オギ　荻　＊荻浜海岸（おぎのはま）−宮城県の石巻市　＊東京都に荻窪
  　＊荻町−大分県南西部の竹田市，阿蘇山の外輪山の山麓，遺跡
  ・クズ　葛−食料として根から澱粉を採取したり，フジ布として繊維に利用，縄の原料
  　＊クズという地名−奈良盆地南部の御所市（ごせ），長野県大町市の温泉
  ・シナ　科−シナノキ−木の皮をはいで織物−衣料の原料
  　＊長野県茅野市（ちの）の蓼科山（たてしな）・温泉（写真Ⅲ-11）

資料1　日本の地名の分類　89

図Ⅲ-10　飛鳥川と八木（マピオンHP 2016）

図Ⅲ-11　太田川と八木（マピオンHP 2016）

図Ⅲ-12　園部川・桂川と八木（マピオンHP 2016）

＊長野県の信濃の語源－本居宣長－シナノキ説，賀茂真淵－級坂(しなさか)（段丘），しなう山と野が多いことからしなの
・フジ　藤　＊藤川，藤木，藤原－人名に多い
　＊「フジ」の分布は全国にあり（図Ⅲ-9），また「フジミ」（富士見）という地名は関東や東海地方に多い－日本の象徴である富士山へのあこがれ
・ヤナギ　柳－柳が転じて八木，日本各地の八木という地名は川の沿岸や水に多く，そこに水を好む柳が生育
　＊奈良県橿原市の八木－飛鳥川（図Ⅲ-10）
　＊広島県広島市の八木－太田川（図Ⅲ-11）
　＊京都府亀岡盆地の八木－園部川と桂川（図Ⅲ-12）
　＊ブスはトリカブトの根からつくった毒薬　＊佐渡のトリカブトのことをブス
　－仏頂面(ぶっちょうづら)，渋面(しぶつら)，しかめっ面－ブスを食べたような顔のことで，死に至らないまでも苦しみあえぐ表情

②鉱物地名
・クラ（倉）・イワ（岩）・ヤクラ（矢倉）・イシクラ（石倉）－岩や山の急峻なところ，石山，岩
　＊神戸市の須磨区に高倉台団地，岩手県盛岡市の西部に雫石(しずくいし)，そこに高倉山・高倉温泉
・ハニ（土）・ハネ（羽）－粘土のような土　　＊古墳時代の埴輪の原料
　＊東京都の赤羽は，赤いローム層という火山灰が風化した地層で，これが赤く露出した所
・シオ（塩）－塩類が土中に含まれて露出している所や塩類泉の湧き出ている所

写真Ⅲ-12 塩ノ山（InfoAtras HP 2019）

図Ⅲ-13 吹上（ZENRIN HP 2018）

　　内陸に塩という地名が多い
　　＊山梨県甲州市に塩ノ山（写真Ⅲ-12）－甲斐の武田信玄が越後の上杉謙信や駿河の今川義元との対立で，塩の存在を示す必要から故意につけた地名とされる
・気象と地名－雨，雲，霧，霞，風　＊風に関連して吹上という地名（図Ⅲ-13）

b．人文地名

(1) 歴史地名
①古代
・真壁，磯部，額部，土師，委文，雀部
　　＊真壁－『和名抄』には平安時代末期に真壁郷として成立していたとされる
　　　真壁の地名は宮城県～福島県にかけて多い
　　＊磯部－兵役による奉仕者であった石上部の居住地で，三重県の志摩市に磯部
　　＊額部－額田部の居住地　奈良県や和歌山県にみられる
　　＊土師－土師には埴輪を焼いた窯跡があって，そこでつくられたのが土師器
　　　土師神社は群馬県藤岡市をはじめ各地にあり，鈴鹿市の土師町に西土師神社
　　＊委文－倭文部という織物の職人集団の居住地，委文・倭文神社は全国にある
　　＊雀部－『和名抄』には応神天皇の皇太子の名である御子代部の居住地と記載されている
・ミカド（御門）－郡衙あるいは地方政府のあったところ
・マキ（牧）－朝廷直轄の牧場で平安時代の官牧地　＊長野県に旧北御牧村，東御市に変更
・ジョウ（条）・リ（里）・ツボ（坪）・タン（反）・セン（面）－いずれも古代の条里制に伴う地名
・コクリョウ（国領）・クデン（公田）・コクガ（国衙）－国領関係の地名

②中世
　　＊開発との関係の地名が多い
・ゴカン（後閑）・ゴケ（後家）・クガ（久賀）－空閑地や空き地を意味する
・荘園関係の地名は多く，ショウ（庄）・マンドコロ（政所）・リョウケ（領家）・ツクダ（佃）・ベッショ（別所）・ザイケ（在家）など
・メン（免）・カノウ（加納）・カイト（垣内）など
・マル（丸）・ミョウ（名）－名田百姓村に由来　＊薬師丸や五郎丸という地名や人名
　　中世の名主（地主）の私有地に小作人が集まって形成された集落
　　＊ネゴヤ（根古屋）－豪族屋敷村に由来する地名で東日本に多い（図Ⅲ-5）
・ミノワ（箕輪）・ドイ（土居）・カマエ（構）・サンゲ（山下・散下）など
・シロ・ジョウ（城）・クルワ（曲輪・廓）などは城砦関係

③近世
　　＊新田集落関係の地名が多くみられる
・シンデン（新田）・カイホツ（開発）・ヒラキ（開）・カラミ（搦）・コモリ（篭）・デムラ（出村）など

(2) 生活地名
①農耕と地名
・カノ（狩野）・ソウリ（沢入）－焼畑関係の地名
・タナボ－田面と書いてタナボ，転じてタンボ，ヒエタ（冷田・稗田）－ここではタビエが栽培
　　　その他の水田関係の地名－テンスイ（天水）・カゴタ（篭田）・タジリ（田尻）・タヤ（田谷）
　　　畑作関係の地名－カリシキ（刈敷）－草木を刈ったものを田畑に敷き込んで肥料とする
・ケカチ（飢渇）－生産性のきわめて低い土地のことで，近世の飢饉の時に出てきた地名とされる
　　　　－東北地方に多く「ひでりにケカチなし」－ひでり（干ばつ）の年にはかえって飢饉にならない，
　　　　恐ろしいのはむしろ冷害の時

②ムラと地名
・居住関係地名
　・ムロ・モロ（室）－家　　＊ムロの地形用語は岩窟・横穴
　　＊京都市北区に氷室－氷を保存していた家
　・イ（居）－居住
　　＊「あらい」の人名－井戸の周辺に居住すると新居
　　　新居（新しい居住）の地に井戸をつくると地名や人名は新井
　　＊中居の地名や人名は村落の中央に居住
　・ヨリアイ（寄合）－新しい開墾地に周辺から人々が移り住んだ所
・ムラの組織と施設に由来する地名
　・コウサツ（高札）－村々の辻や道ばたに高札を立てて布令をおこなう
　　　高札に法度や掟などを書いたもの
　・ゴウクラ（郷倉）－飢饉や納税に備えて設けられたもの
　・ブタイ（舞台）－芸能など人々の関心の集まる所
　　　中世では河原で芸能や商業が発達
　　＊広島県の草戸千軒町（写真Ⅲ-13）は芦田川の河原にできた河原町

③信仰と地名
・神社信仰地名
　・鎮守，権現，明神，森，天神，伊勢，稲荷，大宮，境内など
　　＊ムラには必ず鎮守があり，そこがムラ人の結びつきの中心となる
　　　神社－祭など地域との結びつきが密，寺－葬式など個人との結びつきが密
　・熊野，八幡，諏訪，春日，琴平，鹿島－社（やしろ）の名を直接地名化したものが多い
　・カンダ（神田）・ミヤタ（宮田）・ツキダ（月田）－神社祭祀のための土地
　　＊斎田（いつきだ）　　＊ツキダ－岡山県の勝山町
　・カンベ（神戸）－古代の神社に付属してあった封戸（ふこ）
　　「ふこ」－国家に納める租・庸・調の税を神社に納める集落のこと。
　　カンベ（三重県鈴鹿市，伊賀市に伊賀神戸）→コウベ→ゴウトに変化
　　兵庫県の神戸は生田神社のカンベから
　　神戸川は全国地名で読みはコウド，ゴウドー神奈川県・静岡県・愛知県，
　　カンドー島根県，カド－鳥取県，カノト－東京都
・仏教信仰地名－寺，堂，墓地（タッチョウバともいう）－死体を埋葬する埋め墓や御堂
　　　　－阿弥陀，薬師，観音，不動，地蔵など，仏の名を直接地名化したもの

写真Ⅲ-13　草戸千軒町遺跡（松下 2004）

写真Ⅲ-14　十三塚原（Wikipedia HP 2018）

- 民俗信仰地名
  - シャクジ（石神）－境の神で道祖神と似た性格　　＊社宮司（しゃぐうじ）も同じ
    ＊練馬区の西武池袋線沿いに石神井公園
  - ゼニガミ（銭神）－厭勝銭（えんしょうせん）といい，呪いに使う絵銭を埋めて呪いをした所
  - ジュウサンヅカ（十三塚）－十二天と聖天の座を設けて悪霊を除去するもので，真言宗の呪法の一つ
    ＊鹿児島湾北部の鹿児島空港の近くに十三塚原（ばる）（写真Ⅲ-14）があり，茶の生産地
  - サイ（エ）ノカミ（塞の神）－外来の侵入者を塞ぎとめる神を祀った所
    ＊塞の神→道陸神（ドウロクジン）→道祖神
    　　この道祖神は別名ドンドン焼きともいい，1月14・15日の小正月の儀式
    　　神官などによる公式な言い方が庶民の間に普及したもの
  - ヤマノカミ（山の神）－山の生産を豊かにして山の安全を守ってくれる神
  - チカドノカミ（近戸の神）－里宮といい，遠くにある山宮を人里近いところに招き下ろして祀ったもの
  - ハチオウジ（八王子）－王子というのは御子神（みこがみ）のことで，東京都にある地名
  - ワカミヤ（若宮）－屋敷神として祀られた神の祠（ほこら）の地
    ＊ワカ－霊力に勝れている神　　＊長崎県壱岐の北に若宮島（図Ⅲ-14）
  - コマガタ（駒形）－家々の厩（うまや）の前に祀られる神
    ＊駒形神社，駒ヶ岳（秋田県・岩手県）－山岳宗教
  - キョウヅカ（経塚）－河原石などに仏典を記して埋めたもの
  - ギョウニンヅカ（行人塚）－庶民の幸福や安全を願って行人が生きながら入定（にゅうじょう），亡くなったという伝説，あるいは史実に基づく
    ＊東京都の目黒区に行人坂があり，広重の浮世絵に行人阪（図Ⅲ-15）
- その他の信仰関係地名
  - シメギ（標木）－標木のあるところ，標を張った所
    ＊神社では出入りを禁じるためにしめ縄を張ったり，しめ飾りをする
  - ショウジンバ（精進場）－精進潔斎をした所，神事や仏事をおこなう前に心身を清める所
  - ドウジョウ（道場）－今日の寺あるいは寺の前身的な場所で，ここで仏法を修行して仏道を説いた

④職業と地名
- 狩猟と漁撈関連の地名
  - タツメ（立目－タツマ・タチマとも）
    －猿や鹿，熊などの獣が，移動する際に必ず通過する地点や地形

資料1　日本の地名の分類　93

図Ⅲ-14　若宮島（Wikipedia HP 2019）

図Ⅲ-15　目黒行人阪之図（国立国会図書館 HP 2018）

写真Ⅲ-15　安曇川北流のやな漁（びわ湖芸術文化財団 HP 2018）

- トヤ（鳥屋・塒）－渡り鳥が必ず通過する場所で，網張り場になっている
  ＊新潟市北区に弥生前期の遺跡に鳥屋遺跡
- ヤナ（簗）－木をならべて水をせきとめて魚を捕える仕掛けのある所
  ＊滋賀県の安曇川のやな漁（写真Ⅲ-15）
  ＊やな場－長野北西部，大町市に中綱湖－フォッサマグナという断層帯の西のライン沿いにできた湖
- 鍛冶地名
  - タタラ（多々良・鑪）－砂鉄を精錬する施設で，中国地方に多い地名
    ＊福岡市のタタラでは，元寇という蒙古の襲来の時に乱杭を立てて防御
    ＊群馬県南端の館林に多々良沼，近くに「分福茶釜」の茂林寺
  - イモジ（鋳物師）－金属を溶かして型に入れ，各種の鋳物をつくる職人の居住地，全国地名
  - フキヤ（吹屋）－製鉄や鍛錬用具の鞴を操作する鋳物師のいる所
    ＊吹屋は岡山県西端の吉岡鉱山の鉱山町で，屋根のレンガの赤色はベンガラという酸化鉄の色（写真Ⅲ-16）
- その他の職業地名
  - 大工・紺屋・鞘・弓・曲師（曲げ物をつくる職人）・内匠（木工職人などの居住した所）
  - 連雀－商人町のこと
  - 背負子－運搬具で鳥がはばたく時の両翼の形がこの背負子に似ているところから

写真Ⅲ-16 吹屋（岡山観光連盟 HP 2018）

図Ⅲ-16 鎌倉市腰越（MEMORVA HP 2016）

写真Ⅲ-17 遠見山からの景色（YAHOOブログ HP 2019）

⑤**交通と地名**

- イチリ（一里）・テンマ（伝馬）・カイドウ（街道）－交通に由来する地名
- ウチコシ（打越）－尾根を越して行く所でオッコシともいう，千葉県にオッコシ古墳群
- コシゴエ（腰越）－山頂や崖，山の傾斜地の中腹を越える所（図Ⅲ-16）
  ＊腰巻のコシと同じ
- コシド・コエド（越戸）－尾根や水流を越える所
- ノボリト（登戸）－尾根や高所に登りつめた所－「登る処」
  ＊小田急線の多摩川沿いに登戸駅
- トオミ（遠見）・タカミ（高見）は登りつめた所－眺望がよくて遠見がきいて高見ができる
  ＊熊本県の牛深市天草の下島の南部に遠見山（写真Ⅲ-17）
     江戸時代に外国船を見張るための遠見番所が置かれたことに由来
  ＊奈良と三重の県境に高見山地・山・峠（和歌山街道）－現在は高見トンネル（図Ⅲ-17）
- ナナマガリ（七曲－ヘアピンカーブ）
  ＊七曲峠は全国地名，福岡・佐賀県境（吉野ヶ里遺跡北）の背振山地（図Ⅲ-18）
- ヒジマガリ（肘曲・回）－道や坂などが幾重にも折れ曲っている所
- スグジ（直路）－直線道路
- オイワケ（追分）・フミワケ－一本道を行って左右に分かれる所で，道路や鉄道の分岐点で辻や股（また）と同じ　＊街道をオイワケ，小道をフミワケとして区別
  ＊追分という地名は全国地名，①北海道の室蘭線と夕張線（千歳空港の北東）が分かれる所（図Ⅲ-19；追分①），②新宿の甲州街道（R20）と青梅街道（図Ⅲ-20；追分②），③軽井沢の旧北国（ほっこく）街道

資料1 日本の地名の分類　95

図Ⅲ-17　高見（YAHOO！地図 HP 2016）

図Ⅲ-18　七曲峠（マピオン HP 2016）

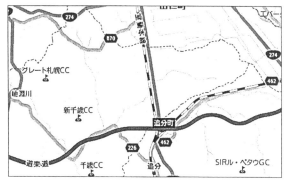

図Ⅲ-19　追分①（マピオン HP 2016）

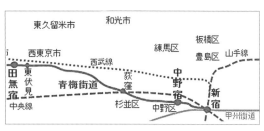

図Ⅲ-20　追分②（マピオン HP 2016）

図Ⅲ-21　追分③（マピオン HP 2016）

写真Ⅲ-18　追分④（東信州中山道 HP 2018）

　　と旧中仙道（図Ⅲ-21　追分③）で「追分節」の発祥地，井原西鶴「好色一代男」の舞台，④右の旧
　北国街道と左の旧中山道（写真Ⅲ-18；追分④）
・ワタド（渡処・戸）－川を渡る所
・ワタシバ（渡場）・フナト（舟戸）－川を舟で横断した所
　・カシ（河岸）－かわぎしのことで，いかだを組んで川を渡った所
　・ハシ（橋）－材料では土橋（どばし・つちはし）・板橋・舟橋・石橋
　　　構造では木橋・一本橋
　　　機能では跳橋（はねばし）－舟を通すために引き上げる装置の橋・城の堀にかかる橋

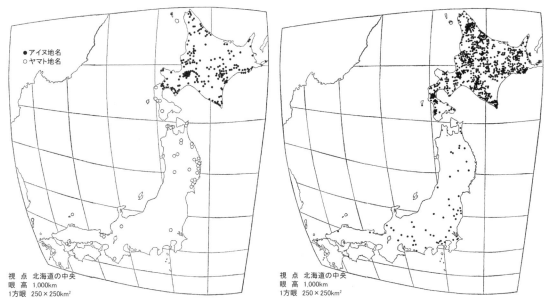

図Ⅲ-22　ホロ・ポロ・ボロの地名（鏡味 1964）　　　図Ⅲ-23　半濁音のつく地名（鏡味 1964）

- キオトシ（木落）－急傾斜地で木材を直接転がしたり滑らせて運んだ所
- ニツケバ（荷付場）－荷物の運搬手段の代わる所
    ＊馬や車・舟に積んできた荷物を人が運ぶ場所
- カルイサワ（軽井沢）－荷物を人力で運ぶ所
    ＊カルウ－背負うこと，また背中に物をくくりつけること
- ヤスミド（休処）－休憩所
- イチ（市）－市場町－市の立つ日が地名になる
    四日市，八日市，十日町，廿日市などの全国地名

c．指示地名

　　＊地名の多くは修飾語をつけて語幹となる地名の内容を規定したり，補強したり，指示することによって地名を安定させている
①位置・方位－東・西・南・北，上・下，前・後，内・外，脇，添
②形容詞－大・小，広・狭，深・浅，長・短，寒・暖，高・低，新・古
③数詞
④接頭語・接尾語・助詞－処（ト・ド），名（ナ）

d．その他

- ホロやポロ，ボロの地名（図Ⅲ-22）－アイヌの言葉で「広い・大きい」という意味
    ＊サッポロ，ビホロ，ナンボロ，シホロ，ウラホロなど
- 半濁音（パ・ピ・プ・ペ・ポ）のつく地名（図Ⅲ-23）－北海道に多い

（都丸十九一『地名のはなし』ほか）

資料2　世界の地名の由来

a．川・水→堤防・橋

　　＊リーズからパラナまで「川」を意味する
- リーズ Leeds イングランド中央部－ペニン山脈東麓，ヨークシャー地方
- エルベ Elbe ドイツ北部の川→北海，下流域にハンブルグの発祥地となったハンブルク
- ライン Rhein 水源－スイス，北海に流入
　　　国際河川－船舶の航行の自由が国際的に認められている河川
- エブロ Ebro スペイン東部，地中海に流入
- リエーカ Rijeka クロアチア共和国北部のアドリア海沿岸の都市
- ドン Don ロシア南西部→黒海北のアゾフ海に流入，ボルガ川との間にボルガ・ドン運河
　　　灌漑用水とともに貨物物資の輸送路
- オビ Ob' ロシア中北部，ウラル山脈東→北極海
- レナ Lena ロシア東部→北極海
- アムール Amur ロシアと中国との河川国境，中国では黒龍江
- メコン Mekong 水源はチベット高原→南シナ海
　　　＊東南アジアの川，ホン（ソンコイ），メコン，チャオプラヤ（メナム），タンルウィン（サルウィン），
　　　　エヤワディ（イラワジ）
- チャオプラヤ Chao phraya（メナム Menam）水源はチベット高原→タイランド湾
- ガンジス Gangges チベット高原→ベンガル湾
- インダス Indus チベット高原→アラビア海
- ナイル Nile 水源－熱帯のビクトリア湖を水源とする白ナイルと温帯のエチオピア北部のタナ湖を水源と
　　　する青ナイルが，スーダンの首都ハルツームの南部で合流して地中海に注ぐ
- ニジェール Niger ナイジェリアの川，ギニアのロマ山地を水源としてギニア湾に注ぐ
- ガンビア Gambia アフリカ西端，セネガルの南の共和国
- オリノコ Orinoco 南米ベネズエラ ギアナ高地西部→大西洋
- パラナ Paraná 水源はブラジル高原
　　　南米のアルゼンチンを流れるウルグアイ川と合流してラプラタ川
- ベルファスト Belfast「砂利の中州」北アイルランドの主要都市
- オックスフォード Oxford「牡牛の浅瀬」ロンドン北西部の大学都市
- ケンブリッジ Cambridge「ケム川の橋」ロンドン北の大学都市（写真Ⅲ-19）
　　　オックスフォードと共に800年以上の歴史をもつ名門大学
- ミドルスブラ Middlesbrough「中州の都市」イングランド北東部
- ブラッドフォード Bradford「幅広い浅瀬」イングランド中北部，ペニン山脈山中
- シェフィールド Sheffield「シーフ川の草地」イングランド中北部，ペニン山脈山中
　　　マンチェスターの東の刃物工業都市
- リヴァプール Liverpool「濁った入江」イングランド，ランカシャー地方（写真Ⅲ-20）
- グレートヤーマス Great Yarmouth「大ヤー川の河口」イングランド東部
- ボーンマス Bournemouth「小川の河口」イングランド南部
- プリマス Plymouth「プリム谷の河口」イングランド南西部，コーンワル半島南
- ブリストル Bristol「橋のある所」イギリス南西部の湾
　　　ウェールズ地方とコーンワル半島の間
- アムステルダム Amsterdam　「アムステル川の堤防」オランダの首都（写真Ⅲ-21）

写真Ⅲ-19　ケンブリッジ

写真Ⅲ-20　リヴァプール（菅家編 2011）

写真Ⅲ-21　アムステルダム（澁沢・佐野監 1986）

写真Ⅲ-22　ロッテルダム（澁沢・佐野監 1986）

・ユトレヒト Utrecht「渡船場の川下」オランダ，アムステルダムの南，1713年条約の締結地
・ロッテルダム Rotterdam 「ロッテ川の堤防」オランダ第2の都市で貿易港（写真Ⅲ-22）
・マース（ミューズ）Maas「水」ベルギー→オランダ→北海に注ぐ川
・アントウェルペン Antwerpen（アントワープ・アンベルス）「堤防」ベルギー北部
・ガン（ヘント）Gand「合流」ベルギー西部，スヘルデ川とリス川との合流点
　　「青い鳥」のメーテルリンクの生誕地
・ウェーザー Weser「水」ドイツ北部の川→北海
・ブレーメン Bremen「岸」ドイツ北部，ウェーザー川の河畔都市
　　河口の都市はブレーマーハーフェン
・オーデル Oder「流れ」ナイセ・オーデルライン―ポーランドとドイツとの河川国境
・デュッセルドルフ Düsseldorf「ジュッセル川の村」ドイツ西部のボンの北，ライン川の河畔都市
・コブレンツ Koblenz「合流点」ドイツ西部，ボンの南方，ライン川とモーゼル川との合流点
・ザールブリュケン Saarbrücken「ザール川の橋」ドイツ南西部，フランスとの国境付近
・セーヌ Seine 「ゆったりした川」フランス北部を北西流する川
・ロアール Loie「流れ」フランス西部→ビスケー湾，河口の都市はナントの勅令の発布地
・ガロンヌ Garonne「岩の川」フランス西部，ガロンヌ川→ドルドーニュ川を合わせてジロンド川→ビスケー
　　湾，河畔のボルドーはブドウ酒の輸出港
・ジュネーブ Genéve「河口」スイス西端，レマン湖畔
・チューリヒ Zürich「水の」スイス北部，チューリヒ湖畔
・インスブルック Innsbruck「イン川の橋」オーストリア西部のチロル地方の都市
　　1976年の冬季オリンピックの開催地

写真Ⅲ-23 ヴァラナシ（市川ほか監 1986）

- ドナウ Donau「流れ」水源－ドイツ南部のアルプス北麓→東ヨーロッパ→黒海，国際河川
- オルスク Orsk「河口」ロシア南部，ウラル山脈南端
  ウラル川とオーリ川の合流点で河口ではない
- ニジニタギル Nizhnii Tagil「タギール川下流」ロシア，ウラル山脈中南部，チュメニの北西部
- ケメロボ Kemerovo「川岸にある（町）」西シベリア低地の南部
  オビ川支流のトミ川の船着場に発達した町
- イルクーツク Irkutsk「イルクート川の都市」東シベリア，バイカル湖近く
- ヴェルホヤンスク Verkhoyansk「ヤナ川上流の都市」ロシア北東部，レナ川東のヤナ川河畔
- オホーツク Okhotsk「オホタ川の都市」北極圏の北，ヤクーツクの北
- ハノイ Ha noi「河の付近」ベトナムの首都，ホン川（ソンコイ川）の河畔都市
- クアラルンプール Kuala Lumpur「濁った合流点」マレーシアの首都
  クラン川とコムバック川の合流点，錫の産地で錫の製錬で濁る
- タンルウィン Thanlwin（サルウィン Salween）「空色の川」
  水源はチベット高原→ミャンマー東部→アンダマン海
- ヴァラナシ Varanasi「バラナ川とアシ川」インド北部，ガンジス川河畔のパトナの西部（写真Ⅲ-23）
- パンジャブ Panjab「五つの川・五河地方」パキスタン中北部
  合流してインダス川→アラビア海
- チグリス Tigris「貫く槍のような奔流」水源－アナトリア高原→ペルシャ湾
- メソポタミア Mesopotamia「川の間の地」
  チグリス川とユーフラテス川が合流してシャッタルアラブ川となりペルシャ湾に注ぐ
- モスル Mosul「渡し場」イラク北部－チグリス川中流，キルクーク油田，ニネヴェ遺跡
- ザンベジ Zambezi「偉大なる川」アフリカ南東部→モザンビーク海峡
- ザイール Zaïre「大河」　＊1997年国名と河川名をコンゴ民主共和国とコンゴ川に変更
- ダカール Dakar「水のない所」アフリカ西端，セネガルの首都，ダカールラリー
- サスカチュワン Saskatchewan「急流」カナダの春小麦3州（アルバータ・サスカチュワン・マニトバ）
  の一つ
- ミシシッピ Mississippi「大河」アメリカの州と川，川は世界第4位の流長
- ミネソタ Minnesota「水煙る・紺碧の水」アメリカ北部，スペリオル湖西，カナダとの国境州
- ミネアポリス Minneapolis「滝町」アメリカ北部，ミネソタ州の小麦の集散地
- スペリオル Superior（super）「上流の」アメリカ北部，五大湖のなかで上流の湖
- オハイオ Ohio「美しい川」アメリカ北東部，エリー湖南岸の州
- コネティカット Connecticut「長い川」アメリカ東部の州，ニューヨーク北
- ネブラスカ Nebraska「広く平らな水－ミシシッピ川」アメリカ中央部の州

写真Ⅲ-24 リオデジャネイロ（澁沢・佐野監 1986）

写真Ⅲ-25 ブリュッセル市庁舎

　　　　ミシシッピ川中流右岸
- カスケード Cascade「小さな谷」アメリカ西海岸のオレゴン州の山脈
- アリゾナ Arizona「小さな泉の湧く所」アメリカ南部，メキシコとの国境州
- リオグランデ Rio Grande「大河」アメリカとメキシコの河川国境
- ガイアナ Guyana「水のある土地」南米北東部，ベネズエラ東の共和国
- リオデジャネイロ Rio de Janeiro「1月の川」ブラジル南東部，ブラジル第2の都市
　　　　世界三大美港の一つ，2016年8月の夏季オリンピック・パラリンピック開催地（写真Ⅲ-24）
- ウルグアイ Uruguay「ウル川」南米南東部の国，首都はモンテビデオ
- マーレー Murray「水郷」オーストラリア南東部の川，オーストラリアアルプスが水源
　　　　ダーリング川とともに盆地を形成

b．湖沼・海・島

- コーク Cork「沼」アイルランド（エール）南部
- ブリュッセル Bruxelles「沼地の家」ベルギーの首都（写真Ⅲ-25）
- ゾーリンゲン Solingen「沼沢地」ドイツ西部，ジュッセルドルフ東，刃物工業都市
- リール Lille（iland）「島」フランス北部，ベルギーとの国境付近
- カナリア Canarias「犬頭人の島」モロッコ西の大西洋にあるスペイン領の諸島
　　　　中世ヨーロッパの伝説に由来，カナリアはここに住む野生種を品種改良
- ビルバオ Bilbao「美しい浅瀬」スペイン北部，ビスケー湾岸の鉄山
- リヴィエラ Riviera「海岸」イタリア北東部，リグリア海沿岸の地方
- スカゲラック Skagerrak「岬の真直ぐな水路」デンマークとノルウェーとの海峡
- カテガット Kattegat「船の道」デンマークとスウェーデンとの海峡
- ストックホルム Stockholm「ストック島」スウェーデンの首都・州・州都・諸島，小島が多い
- ナルヴィク Narvik「狭いフィヨルド（氷河地形）」ノルウエー北部の不凍港，冬季にスウェーデンのキルナ・
　　　　エリバレで産出された鉄鉱石の積出港，夏はボスニア湾岸のルーレオ
- バラトン Balaton「沼沢」ハンガリー西部の内陸湖
- エストニア Estonia「水辺の人の国」バルト3国（ラトビア・リトアニア）の一つ
- ヤルタ Yalta「海岸」ウクライナ南部，黒海沿岸のクリミア半島南部の保養地（写真Ⅲ-26）
　　　　1945年ルーズベルト・チャーチル・スターリンによる会議の開催地，2014年ロシアがクリミアに侵攻
- バルハシ Balkhash「沼沢地」カザフスタン南東部の湖
- シベリア Siberia「湿原」ウラル山脈〜ヴェルホヤンスク山脈，西シベリア低地で原油の生産
- ロプ・ノール Lop Nur 羅布泊「泥土の湖」シンチャンウイグル自治区，タリム盆地東部の湖，1901年スウェ

資料2　世界の地名の由来　101

写真Ⅲ-26　ヤルタ（澁沢・佐野監 1986）

図Ⅲ-24　ロプ・ノール①
（スウェン・ヘディン 2005）

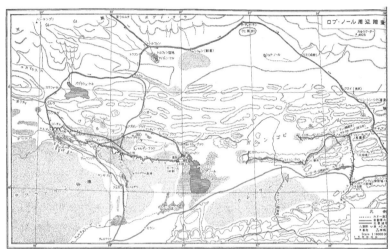

図Ⅲ-25　ロプ・ノール②（スウェン・ヘディン 2005）

　　　ン・ヘディンによって『さまよえる湖』と命名（図Ⅲ-24・25）
- ハイフォン Hàifeng「海の守り」ベトナム北部，首都ハノイの東のトンキン湾に面する
- マラバル Malabar「山のある海岸地方」インド南西部の海岸，デカン高原は西高東低
　　　　南東部はコロマンデル（「チョラの国」）海岸で9〜13世紀に栄えた海洋王国に由来
- スリランカ Srilanka「光り輝く島」インド洋上の島国，セイロン→1972年に改称
- モルディブ Moldive「島」インド洋上の島国・諸島，地球温暖化による海面上昇で水没の危機
- アルジェ Alger「島々」アフリカ北部の地中海沿岸，アルジェリアの首都
- タンジール Tanjore「水路」アフリカ北西部，モロッコ，ジブラルタル海峡の南の都市
- チャド Chad「大きな水域」アフリカ中部の国・湖，湖はサハラ砂漠の拡大による渇水のため縮小，約
　　　　700万年前の最古の人類化石が出土
- ラゴス lagos「湖・入江」ナイジェリア南東部の旧首都でベナンとの国境付近
　　　　現在は内陸のアブジャ
- コートジボワール Côte d' Ivoire（Ivory Coast）「象牙海岸」ギニア湾岸の共和国
　　　　象牙はこの国の旧主要輸出品目の一つ
- ケベック Québec「海峡」カナダ東部の州と州都，フランス系住民が8割をしめる
- デトロイト Detroit「海峡」アメリカ北東部，ミシガン州の自動車工業都市
- オンタリオ Ontario「美しい湖」アメリカ・カナダの国境の湖，インディアンの言葉

写真Ⅲ-27　ベルゲン（市川ほか監 1986）

- ミシガン Michigan「大きな湖」アメリカ北部の湖，インディアンの言葉
- カリフォルニア California「美女と黄金の島」アメリカ西部の州・半島・湾
　　　　スペインの詩人オルドニエスの詩による，1848年からゴールドラッシュ
- ホンジュラス Honduras「深み」中米中部，ユカタン半島南東部の国
- コスタリカ Costa Rica「富める海岸」中米の共和国
　　　　コロンブスが「黄金の海岸」と名づけたことに由来
- ジャマイカ Jamaica「泉の島」カリブ海の島国，首都はキングストン
- レシフェ Recife「暗礁」ブラジル東部のブランコ「白い」岬南，沿岸に白いさんご礁が多い
- ポリネシア Polynesia「多島海域」太平洋東半部の海域
- ミクロネシア Micronesia「小島海域」太平洋北西部の海域
- ホノルル Honolulu「静かな船着場」ハワイ・オアフ島の都市，旧ハワイ王国の首都
- タヒチ Tahiti「半島の島」フランス領ポリネシアの島，南緯17度付近

c．山・高地

- ペニン Penin「尖った」イギリスを南北に走る古期の山脈
- アルデンヌ Ardenne「高地」フランスからベルギー・ルクセンブルクにかけての高原
　　　＊第二次世界大戦末期，バルジの戦いの舞台で戦車の攻防戦
- ピレネー Pyrénée「山」フランスとスペインの山脈国境
- ブレンナー Brenner「山」イタリアとオーストリアの峠，インスブルックの南
　　　＊アルプスの主な峠－ブレンナー，モン・スニ，グラン・サン・ベルナール，シンプロン
- シエラネバダ Sierra Nevada「雪の山脈」スペインの南部を東西に走る山脈
　　　アメリカの太平洋沿岸を南北に走る同名の山脈
- ジブラルタル Gibraltar「タリク山」スペインとモロッコとの間の海峡
　　　アラビア語でジャバルーターリフ
- アルプス Alps「岩山」イタリアとフランス・スイス・オーストリアとの山脈国境
- マッターホルン Matterhorn「高地の牧場の山」スイスとイタリアとの国境の山
- アペニン Apennines「峰」イタリア半島を南北に走る山脈
- エトナ Etna「炎」イタリア，シチリア島の火山
- ベルゲン Bergen「山の牧場」ノルウエーの首都オスロ西部の漁港（写真Ⅲ-27），北にソグネフィヨルド
- シュチェチン Stettin「丘」ポーランド北西部，ドイツとの国境であるオーデル川の河畔都市
- ウラル Ural「帯」ロシア西部，帯状に南北に走る山脈

写真Ⅲ-28　マウナロア（Wikipedia HP 2018）

写真Ⅲ-29　サウサンプトン
（市川ほか監 1986）

- マグニトゴルスク Magnitogorsk「磁石山の都市」ロシア西部，ウラル山脈南麓の鉄山
- ティエンシャン Tiánshán「天に至る山」キルギスとシンチャンウイグルとの山脈国境
- テミルタウ Temirtau「鉄の山」カザフスタン中北部，首都アスタナの南，鉄鉱石の産地
- クラスノヤルスク Krasnoyarsk「見晴らしの良い絶壁の上の土地」ロシア南部
　　エニセイ川上流の都市と発電所
- ヒンドゥークシ Hibdu Kush「インドの山」アフガニスタンを東西に走る山脈
- コンゴ Congo「山」アフリカ中西部の民主共和国，旧国名はザイール「海」
- シエラレオネ Sierra Leone「ライオンの（いる）山」アフリカ西部の共和国
- モントリオール Montreal「王の山」カナダ東部，セントローレンス川沿いの都市
　　仏語でモン・レアール
- マサチューセッツ Massachusetts「大きな丘の麓」アメリカ北東部の州，ボストンは学術都市
- モンタナ Montana「山の多い」アメリカ北西部の州，ロッキー山麓，カナダとの国境
- ハイチ Haiti「高地・山地」中米，カリブ海のイスパニョーラ島西部の共和国
- アンデス Andes「山脈・段々畑」南米を南北走る世界最長の山脈
- モンテビデオ Montvideo「展望山（周りを展望できる山）」ウルグアイの首都
　　＊他説－マゼラン一行が立寄った際の水夫の言葉「山が見えた」
- マウナロア Mauna Loa「長い山」ハワイ島の楯状火山（アスピーテ）
　　マウナケア「白い山」とともに4000m級の火山（写真Ⅲ-28）

d．その他の地形・土地

- サウサンプトン Southampton「南の川辺の牧草地の町」イングランド南部の港湾都市・湾
　　（写真Ⅲ-29）アメリカやカナダに同名都市
- オランダ Holland「低地」ポルトガル人が日本に伝えた時のポルトガル語読みでHは無発音
- ゲッティンゲン Göttingen「牧草地の村」ドイツ中北部の大学都市
- マインツ Mainz「狩猟地の」ドイツ南西部，ライン川とマイン川との合流点
　　活版印刷を発明したグーテンベルクの出身地
- ダンケルク DunKerque「砂丘の教会」フランス北端部，ドーバー海峡に面する港湾都市
- シャンパーニュ Champagne「大平原」フランス，パリ盆地東部，ブドウ・シャンパンの生産地
- ラマンチャ La Macha「やせ地」スペイン中南部の地方，セルバンテス「ドン・キホーテ」の舞台
- ミラノ Milano「平原の中心地」イタリア北部，パダノヴェネタ平野の都市（写真Ⅲ-30）
　　トリノ・ジェノヴァとともに工業の三角地帯
- マルメ Malmö「砂地」スウェーデン南端の造船都市
　　12世紀のハンザ同盟時代はニシン漁の漁業基地

写真Ⅲ-30　ミラノ（菅家編 2010）

写真Ⅲ-31　ナイアガラ（PEACE DAY HP 2018）

- ピョンヤン Pyeongyang「平原の地」平壌，北朝鮮の首都
- タクラマカン Takla Makan「砂の海」中国，シンチャンウイグル自治区，タリム盆地の砂漠
- ゴビ Gobi「荒れた土地」モンゴル南部〜中国北部にかけての砂漠
- ジャカルタ Jakarta「勝利の土地」インドネシアの首都，イスラム教徒がこの土地を占領した時につけた名，1600年頃ジャガイモ（ジャガタライモ）がオランダ船によって伝来
- テヘラン Tehran「平地」イラン北部の首都，カスピ海南のエルブールズ山脈の南麓
- イラク Iraq「低地」西アジアの共和国，チグリス・ユーフラテス川流域の低地
- バスラ Basra「柔らかい所」イラク南東部，シャッタルーアラブ川右岸
- アラビア Arabia「ステップ（半乾燥地域）荒野の地」西アジアの半島，海
- ルブアルハーリー Rub' alKhālī「荒涼たる地域」アラビア半島南部の砂漠
- ジッダ Jiddah「高い岸・女の祖先」サウジアラビア西部，紅海沿岸の港湾都市
- サハラ Sahara「荒れた土地・砂漠」アフリカ北部の砂漠，東西約4000km，南北約1500〜1800km
- ラバト Rabat「場所」アフリカ北西部，モロッコの首都
- トンブクツー Tombouctou「凹地」アフリカ内陸部，マリ中央部の都市，ニジェール川流域の凹地
- イバダン Ibadan「草原の端」ギニア湾岸，ナイジェリア南西部，同国第3の都市
- アラスカ Alaska「大きな土地」アメリカ北西部，アメリカ最大の面積と最小の人口の州
- ワイオミング Wyoming「大きな平地」アメリカ中北部，ロッキー山中の州
- ミルウォーキー Milwaukee「美しい土地」アメリカ北部，ウィスコンシン州のミシガン湖西岸
- ナイアガラ Niagara「土地が二つに切れた所」エリー湖とオンタリオ湖との間カナダとの国境の滝（写真Ⅲ-31）
- メーン Maine「本土」アメリカ北東部，ニューイングランドのカナダとの国境州
- ケンタッキー Kentucky「牧草地」アメリカ東部，アパラチア山脈西の州
- アパラチア Appalachian「山の向こうの土地」アメリカ東部の山脈
- グランドキャニオン Grand Canyon「大渓谷」アメリカ南西部，アリゾナ州，コロラド川流域
- ラスヴェガス Las Vegas「牧草地・肥沃」アメリカ南西部，ネヴァダ州南部の都市
- リャノ Llanos「平野」（スペイン語）コロンビアからベネズエラにかけての熱帯草原
- カンポ Campo「平原」（ポルトガル語）ブラジル，アマゾン川南部の熱帯草原
- パンパ Pampas「平原・大草原」（スペイン語）アルゼンチン，ブエノスアイレスを中心とする半径500〜〜600kmの温帯草原
- グランチャコ Gran Chaco「大狩猟地」パラグアイからアルゼンチンにかけての草原地帯
  ＊パンパからグランチャコにかけては「母を訪ねて三千里」の舞台

e．植物・動物

- ダービー Derby「鹿のいる所」イングランド中央部，ペニン山脈南端の都市
- ドレスデン Dresden「森の人」ドイツ東部，ザクセン地方の都市
- ライプツィヒ Leipzig「菩提樹の地」ドイツ東部，首都ベルリンの南部
- マドリード Madrid「森林・建築用材」スペイン中央部の首都
- フィレンツェ Firenze「花の都」（フローレンス）イタリア中部，トスカーナ州の州都
- トランシルバニア Transylvania「森のかなた」ルーマニア中央部の山脈
- アルマトゥイ Almaty「リンゴの発祥地」カザフスタン南東部の旧首都，バルハシ湖南
- クンルン Kunlun「ねぎ」中国西部，シンチャンウイグル自治区とチベット自治区との間の山脈
- マニラ Manila「マニラ藍」フィリピンの首都，ランは青色の染料をとる草
- カリマンタン Kalimantan「マンゴーの国」マレーシア・インドネシアの島
- ジャワ Java「大麦」インドネシアの島，インド人がここに入植して植えたもの，実際はサトウキビ
- マラッカ Malacca「メラカ木」マレーシアの最古の都市・海峡，史跡の町，海峡では海賊問題
- ハルツーム Khartoum「象の鼻」アフリカ北東部，スーダンの首都，モハメド＝アリが建設
- アディスアベバ Addis Abeba「新しい花」アフリカ北東部，エチオピア中央部の首都
- カメルーン Cameroun「エビ」ナイジェリア東部，ポルトガル人のフェルナンドが15世紀にこの海岸を発見した時の入江にいたエビにちなむ
- シカゴ Chicago「タマネギのある所」アメリカ北部，ミシガン湖畔のイリノイ州の都市
    昔はタマネギのある所，今はニューヨーク・ロサンゼルスに次ぐ3番目の人口の都市
- オークランド Oakland「樫の木の地」アメリカ西部，カリフォルニア州のサンフランシスコ北東部の都市
    ＊ニュージーランドのオークランド（Auckland）－人名に由来
- フロリダ Florida（flower）「花咲く」アメリカ南部の半島と州
- セルバ Selvas「森林」南米アマゾンの熱帯雨林
- ガラパゴス GalaPagos「亀」南米エクアドル領の赤道直下の諸島，固有の動植物が多い

f．港

- ポーツマス Portsmouth「港の入口」イングランド南端部，イギリス海峡に面した都市
    アメリカのポーツマスは1905年外務大臣の名，小村寿太郎とセルゲイ・ウィッテとの間で調印
- ルアーヴル Le Havre「港」フランス北部，セーヌ川の河口の都市（写真Ⅲ-32）
- コペンハーゲン Copenhagen「商港」デンマークの首都，デンマークの領土はシェラン島，ローラン島，フュン島などとユトランド半島，グリーンランド
- ポルトガル Portugal「温暖な港」イベリア半島西部の共和国
- ポルト Porto「港」ポルトガル北西部，ポートワインの生産地（写真Ⅲ-33）
- リスボン Lisbon「良い港」ポルトガル中南部の首都
- パレルモ Palermo「万能の港」イタリア南西部，シチリア島の中継基地
- モナコ Monaco 2説「ヘラクレスを信仰する隠者」・「碇泊港」ギリシャ語のメヌカが転化
    コートダジュールの公国
- ツルク Turku「貿易の場」フィンランド南部，ボスニア湾岸，首都ヘルシンキの西の都市
- ホンコン Hong Kong 香港「香料の港」1997年に中国に返還，世界三大夜景の一つ（写真Ⅲ-34）
- アンカレッジ Anchorage「碇泊港」アラスカ州南，インディアンの船の碇泊港
    現在は航空機の中継地でアンカレッジ経由の航路
- ポルトープランス Port au Prince「王子の港」中米，イスパニョーラ島のハイチの首都

写真Ⅲ-32 ルアーブル（菅家編 2010）

写真Ⅲ-33 ポルト（菅家編 2012）

写真Ⅲ-34 香港（HONGKONGnavi HP 2018）

- プエルトリコ Puerto Rico「豊かな港」（port rich）中米，カリブ海東部の国

g．方向

- ヨーロッパ Europe「西・日没」の地，アッシリア語の ereb「西側」，エーゲ海の西側
- アイルランド Ireland「西の島」イギリス諸島の島国，イギリスの北アイルランドとの民族問題
- ノルマンディー Normandie「北の人の」フランス北西部，パリ西部の地方・丘陵地
- ノルウェー Norway「北の航路」中世ヨーロッパの船の航路はノルベク「北の」，オストベク「東の」，ベステルベク「西の」
- オーストリア Austria「東の国」ドイツ語の Öst「東」，オステルライヒ Osterreich「東の国」
- アジア Asia「東・日の出の地」，アッシリア語の asu に由来，エーゲ海の東側
- ベトナム Vietnam「越国南方の地方」紀元前に中国の華南地方を「越」とよぶ
- ティモール Timor「東」以前はインドネシア東部の島
    2002 年 5 月 20 日，東ティモール民主共和国として独立
- デカン Deccan サンスクリット語で「右手・南方」，方位を示す時に東に向かって右が南
- イエメン Yemen「右」アラビア半島南部の国

資料2 世界の地名の由来 107

写真Ⅲ-35 グリニッジ（市川ほか監 1986）

写真Ⅲ-36 コートダジュール（菅家編 2010）

　　　サウジアラビアのメッカにあるイスラム教のカーバの大神殿に向かって右手の方向
・アナトリア　Anatolia「東の地方」トルコ中央部の高原
　　　ギリシャ語のアナトレ anatole「東」＋ ia「地方」
・オーストラリア Australia「南方の国」ラテン語のアウストラリス australis「南方」

h. 色

・ダブリン Dublin「黒い湖」アイルランドの首都，ジェイムズ・ジョイスの『ダブリン市民』
・テムズ Thames「黒い川」イギリス南東部を流れ北海に注ぐ
・グリニッジ Greenwich「緑の村」ロンドン南東部，天文台のある経度0度の都市（写真Ⅲ-35）
・フローニンゲン Groningen「緑の村」　オランダ北東部の州と州都
・シュバルツバルト Schwarzwald「黒い森」ドイツ南西部，モミ・ツガの人工林で樹皮の色
・モンブラン Mont Blanc「白い山」フランス南東部，イタリアとの国境の山
・モンドール Mont Dore「金の山」フランス南部，サントラル高地の山
・コートダジュール Côte d' Azur「紺碧の海岸」フランス南部リグリア海沿岸の地方（写真Ⅲ-36），ニース・
　　　カンヌ・モンテカルロなどの観光地
・アルハンブラ Alhambra アラビア語で「赤い城」スペイン南部，グラナダ市の宮殿遺跡
・カラガンダ Karaganda「黒い又は黄アカシア」カザフスタン中東部，首都アスタナ南東部
　　　石炭の産地，アカシアが群生していたことから命名
・ウランウデ Ulan Udé「赤いウダ川」ロシア南東部，バイカル湖南
・サヤン Sayanskii「白い」ロシア中南部，バイカル湖西を東西に分布する山脈
・サハリン Sakhalin（樺太）「黒い川」北海道北部の島
・ウランバートル Ulan Bator「赤い英雄」モンゴルの首都，創立者のスーヘ・バートラにちなむ
・ネグロス Negros（Nigro）「黒い」フィリピン南部，ミンダナオ島北西の島，島民の皮膚の色
・ダウラギリ Dhaulagiri「白い山」ヒマラヤ山系ネパール中西部の山
・カラコルム Karakorum「黒い石の積もった山」パキスタン・カシミール地方北部
　　　シンチャンウイグルとの山脈国境
・レバノン Lebanon「白い」地中海東岸の国と山脈
・ヌビア Nubia「黄金の国」エジプト，紅海とナイル川との間の砂漠
　　　金鉱石の産地，エジプトの黄金文明を築く
・エチオピア Ethiopia「黒い国，陽にやけた人の国」アフリカ北東部の内陸国
・ソマリア Somalia「黒い→ソマリ族の国」アフリカ東端の共和国，アフリカの角とよばれる
・ザンジバル Zanzibar「黒い海岸地方」アフリカ東部，タンザニア東岸の島

- カサブランカ Casablanca「白い家」アフリカ北西部，モロッコ北部の都市
- コロラド Colorado「赤色の」アメリカ中部，ロッキー山中の州・高原・川（写真Ⅲ-37）・砂漠・温泉
- ネヴァダ Nevada「雪をいただく，雪のように白い」アメリカ西部の州
- オクラホマ Oklahoma「赤銅色の人」アメリカ中南部の州，インディアンの別称
- バーモント Vermont「緑の山」アメリカ北東部，ニューヨーク州の東の州
  カレーはリンゴと蜂蜜を使ったバーモント健康法に由来
- ブラジル Brasil「赤い木」南米，ブラジルスホウの赤色の染料
  ポルトガル人が上陸した時に群生していた赤い木がブラジルスホウ
- アルゼンチン Argentine「銀の国・ラプラタ川の国」スペイン語のアルヘンチナによる
- ラプラタ La Plata「銀」アルゼンチンとウルグアイとの間を流れる川
  探検家カボットがインディオと交換したもの　　＊プラチナ「白金」
- マウナケア Mauna Kea「白い山」ハワイ島の標高4205mの火山　　＊マウナロアは「長い山」
- メラネシア Melanesia「黒い島の海域」太平洋
  住民はオセアニア・ネグロイド－オーストラロイド

写真Ⅲ-37　コロラド川とグランドキャニオン
（菅家編　2010）

ⅰ．城壁都市・集落

- ニューカッスル Newcastle「新しい城壁都市」イギリスやオーストラリアに多い地名
- ランカスター Lancaster「ルーン川（沿い）の城」イングランド北西部，ランカシャー地方
- マンチェスター Manchester「マムキオの城壁都市」イングランド西部，ランカシャー地方
- カンタベリー Canterbury「ケント人の城壁都市」イングランド南東部
  チョーサー『カンタベリー物語』の舞台，ケント大学の所在地
- ブライトン Brighton「明るい町」イングランド南部，ドーバー海峡に面する都市（写真Ⅲ-38）
- ルクセンブルク Luxembourg「小さな城壁都市」ベネルックス3国の一つ（写真Ⅲ-39）
- ハンブルク Hamburg「入江の城壁都市」ドイツ北部のエルベ川沿いの港湾都市（写真Ⅲ-40）
  ハンバーグの発祥地
- ポツダム Potsdam「ポツピミ集落」ドイツ北東部，ベルリン郊外，ポツダム宣言の締結地
- デュッセルドルフ Dusseldorf「デュッセル川の村」ドイツ北西部，ライン川の河畔都市
  同都市をはじめとしてルール地方でコナーベーション（連接都市）を形成
- ボン Bonn「都市」ドイツ西部，ライン川の河畔都市，旧西ドイツの首都
- アウグスブルク Augsburg「アウグスタス帝の城壁都市」ドイツ南部，バイエルン州の都市
- ストラスブール Strasbourg「街道の城壁都市」フランス東部，ライン川の河畔都市
- バレンシア Valencia「力強い都市」スペイン東部，地中海沿岸の都市
- ナポリ Napoli「新市」イタリア中部，ギリシャ語のNeapolis「新しい都市」に由来，函館，香港とともに世界三大夜景の一つ

写真Ⅲ-38 ブライトン（市川ほか監 1986）

写真Ⅲ-39 ルクセンブルク（菅家編 2012）

写真Ⅲ-40 ハンブルク（菅家編 1986）

写真Ⅲ-41 ブダペスト（菅家編 2011）

- ベオグラード Beograd「白い城壁都市」セルビア共和国の首都
- ザグレブ Zagreb「堀のうしろ」アドリア海沿岸のクロアチア共和国北西部の首都
- ブダペスト Budapest「ブダ市とペスト市」ハンガリーの首都（写真Ⅲ-41）
  ドナウ川をはさんで右岸のブダ市と左岸のペスト市
- カリーニングラード Kaliningrad「カリーニンの城壁都市」
  バルト海沿岸のロシアの飛び地，カントの生誕地
- サンクトペテルブルク Sankt Peterburg「聖ペテロの城壁都市」ロシア西部，フィンランド湾奥の都市（写真Ⅲ-42）
- ヴォルゴグラード Volgograd「ヴォルガ川の城壁都市」ロシア南西部，
  カスピ海北西のヴォルガ川の河畔都市
- セヴァストポリ Sevastopol'「偉大な都市」ウクライナ南部，黒海沿岸のクリム半島南部の都市
- タシケント Tashkent「石の都市」カスピ海東，ウズベキスタン東部の首都
- アシハバード Ashkhabad「愛の町」カスピ海東，トルクメニスタン南部の首都，カラクーム砂漠の都市
- ノヴォクズネツク Novokuznetsk「新しい鍛冶屋」ロシア南部，オビ川上流，モンゴル北西部の都市
- ペキン Peking「北の都」中国東部の首都　　＊南の都は南京
- ソウル Seoul「都」韓国北部の首都
- シンガポール Singapore「獅子の都市」マレー半島先端の島・共和国（写真Ⅲ-43）
- ペシャーワル Peshawar「国境の都市」パキスタン北部，アフガニスタンとの国境付近
  ガンダーラ美術の中心地
- アバダン Abadán「都市」イラン西部，シャッタルアラブ川沿いの精油所
- メディナ Medina「都市」サウジアラビア北西部，マホメットの墓－イスラム教の聖地

写真Ⅲ-42　サンクトペテルブルク（菅家編 2011）

写真Ⅲ-43　シンガポール（澁沢・佐野監 1985）

写真Ⅲ-44　カルタゴ（菅家編 2011）

写真Ⅲ-45　ピッツバーグ（澁沢・佐野監 1986）

- トリポリ Tripoli「三つの町」アフリカ北部，リビアの首都，レバノンにも同地名
- カルタゴ Cartago「新しい都市」アフリカ北部，チュニジアの北，遺跡としても知られる（写真Ⅲ-44）
- リーブルビル Libreville「自由の都市」アフリカ中部，赤道直下のガボンの首都
- カナダ Canada「村」フランス人が場所をたずねた際に，インディアンのイロコイ族の「カナタ（村）」という返事による
- ピッツバーグ Pittsburgh「ピッツ首相の城壁都市」アメリカ北西部
　　ペンシルベニア州の工業都市，当時のイギリスの首相にちなむ（写真Ⅲ-45）

j．人種・民族

- イギリス England「アングロ人の国」5世紀末にゲルマン系のアングロ族が入植
- ロンドン London「ロンデダス部族の住む地」イギリスの首都
- スコットランド Scotland「漂泊族の国」イギリス北部の地方
　　ケルト語でスクイト族は「漂泊する」という意味
- ノッティンガム Nottingham「スノート族の村」イングランド中部，ペニン山脈南の都市
- バーミンガム Birmingham「ベルム族の町」イングランド中部、オックスフォード北の製鉄都市
- ウェールズ Wales「外国人」イギリス南西部の地方
　　アングロ人・サクソン人にとってケルト系ブリトン人は外国人という位置づけ
- ドイツ Deutschland「民衆」Germany（ゲルマン人の）
- バイエルン Bayern「バヨウバリ人」ドイツ南部の地方に住む部族，主要都市はミュンヘン
- フランス France「フランク（投槍）族」ゲルマン系の部族でフランカ（投槍）が主要武器
- パリ Paris「パリシイ族」ケルト人のパリシイ族が定住，4世紀にゲルマン人の侵入でシテ島に居住し，そ

資料2 世界の地名の由来　111

写真Ⅲ-46　パリのシテ島（市川ほか監 1983）

写真Ⅲ-47　ルーアン（菅家編 2010）

写真Ⅲ-48　リモージュ（菅家編 2010）

こに城壁が築かれて中心地となる（写真Ⅲ-46）
・カレー Calais「カレチ族」フランス北部，北海沿岸，ドーバーとの間に英仏海峡トンネル
・ルーアン Rouen「マゴス族の都市」フランス北東部，セーヌ川沿いの都市（写真Ⅲ-47）
・ブルターニュ Bretagne「ブリトン人の国」フランス北西部の半島
・メス Metz「マトリシ族の中心地」フランス東部，ナンシーとともにロレーヌ地方の工業都市
・ランス Lens「レミ族」フランスのパリ東部，シャンパーニュ地方の町
・リモージュ Limoges「レモビス族」フランス中西部，陶芸の町（写真Ⅲ-48），ルノアールの出身地
・ナント Nantes「ナムネット人」フランス西部，ロアール川下流，「ナントの勅令」の発布地
・ベルギー Belgium「ベルガエ族」前57年にローマ皇帝のシーザー軍が占領するまでベルガエ族の土地
・ユトランド Yutland「ユト人の土地」デンマークの半島，デンマーク戦争でドイツに敗退し南部の領地を失う
・デンマーク Denmark「デーン人の辺境地−国境地方」ゲルマン系の一部族が7〜8世紀に侵入
・アンダルシア Andalucía「バンダル族の国」スペイン南部の地方，フラメンコの発祥地
・イタリア Italia「イタル人の国」前5世紀までにイタル人によってアペニン山脈の南部に小国を建設
・ヴェネツィア Venezia「ヴェネチ族の地」イタリア北部，アドリア海に面する水の都（写真Ⅲ-49）
・トリノ Torino「タウリニ人の都市」イタリア北部，ミラノ・ジェノバとともに工業地域を形成（写真Ⅲ-50）
・シチリア Sicilia「シクリ人の土地」イタリア南部，地中海の島
・イオニア Ionia「イオニア族」イタリア半島南部の海
・スウェーデン Sweden「スヴェリ族」北欧の王国
・フィンランド Finland「フィン人の国」フィンランド語ではスオミ「湖の国」とよばれる
・ヘルシンキ Helsinki「ヘルシング族」フィンランド湾岸のフィンランドの首都

写真Ⅲ-49　ヴェネツィア（菅家編 2010）

写真Ⅲ-50　トリノ（澁沢・佐野監 1986）

- チェコ Czech「チェコ人」1993 年にスロバキアとともに分離独立
- スロバキア Slovakia「スラブ族の地」
- ブルガリア Bulgaria「ブルガール（混血）人の地」トルコ人とマケドニア人との混血
- ルーマニア Romania「ロマニ人の国」1 世紀頃にローマの勢力下，属州となってローマ人が多数入植
- ユーゴスラビア Yugoslavia「南スラブ族の国」連邦共和国からその後クロアチア，スロベニア，ボスニア
　　・ヘルツェゴビナ，マケドニア，セルビア，モンテネグロ，コソボの 7 か国に分離
- ギリシア Greece「グラエキ族」バルカン半島北部に住む部族
- ロシア Russia「ロシ族の国」9 世紀頃からロシ族が居住
- カスピ Kaspiiskoe「カスピ族」世界第 1 位の面積の塩湖，水面高度 -28m の内陸湖
- ソチ Sochi「ソアチエ族」ロシア南西部，黒海東岸の保養都市
　　2014 年冬季オリンピック・パラリンピックの開催地
- タリン Tallin「デンマーク人の都市」バルト 3 国のエストニア共和国の首都
　　1219 年デンマーク人が建設，フィンランド湾に面する
- ヤクーツク Yakutsk「ヤクート人の土地」ロシア東部，レナ川中流域の都市で長崎と同経度
- ラオス Laos「ラオ族」雲南地方より南下したタイ系の民族で「ラオ」は人間を意味
- ベンガル Bengal「バンガ人の土地」インド東部の湾，ヒンドゥー語のバング－アライアによる
- バングラデシュ Bangladesh「バンガ人の国」サンスクリット語のバンガーラ・デサによる
- ハイデラバード Hyderabad「ハイダル族の都市」インド，デカン高原中部の都市
　　バンガロールとともにＩＴ関連企業の集中する都市，パキスタンに同名の都市あり
- セイロン Ceylon「シンハリ族の島」スリランカの島
- カラチ Karachi「カラチ族の村」パキスタン南部，アラビア海沿岸の同国最大の都市
- アフガニスタン Afghánistán「アフガン族の国」別名パシュトゥーン人，中央アジアの共和国
- イラン Iran「アーリア人の国」正式名称はイラン・イスラム共和国
- ペルシャ Persia 「ペルシア人」西アジアの湾，別名アラビア湾
- パレスチナ Palestina「ペリシテ人」地中海東岸，ヨルダン川西岸の地域
　　12 世紀頃に地中海より移り住んだ人びとにちなむ
- トルコ Tyrkey「トルコ（チュルク）族」トルコ族の祖先はチュルク族
- アフリカ Africa「アフリ族の国」北アフリカに古くから住むベルベル人の一族のアフリ族「洞窟に住む民」
- ウガンダ Uganda「バガンダ族」アフリカ東部，ビクトリア湖の北
- モーリタニア Mauritania「黒人国」アフリカ西部，首都はヌアクショット
- ボツワナ Botswana「ツワナ族の国」アフリカ南部の国，南ア共和国の北
- ロッキー Rocky「ロッキー族」カナダ西部〜アメリカ西部の山脈
　　アメリカやカナダの地名はインディアンの部族名が多い

写真Ⅲ-51　キト（菅家編 2010）

写真Ⅲ-52　エディンバラ（菅家編 2010）

- アイダホ Idaho「コマンチ族」アメリカ北西部，ロッキー西麓の州
    インディアンのアパッチ族がコマンチ族のことを「イダヒ」族とよんだことに由来
- ノースダコタ North Dakota「北のダコタ族」アメリカ北部，カナダとの国境州
- ユタ Utah「ユタ族」アメリカ西部の州，州の人口の約6割がモルモン教徒
- ヒューロン Huron「ヒューロン族」アメリカ・カナダの国境の湖
- エリー Erie「エリー族」アメリカ・カナダの国境の湖
- アイオワ Iowa「ウアウイアトノン族」アメリカ中部の州，ミズーリ川とミシシッピ川との間
- インディアナ Indiana「インディアンの」アメリカ中部，ミシガン湖南の州
- イリノイ Illinois「イリノイ族」アメリカ中部，ミシガン湖南西の州と川
- ミズーリ Missouri「ミズーリ族」アメリカ中部の州と川
- カンザス Kansas「カンサ族」アメリカ中部の州・草原・川
- アラバマ Alabama「アリバム族」アメリカ南部，アパラチア山脈南西麓の州
- ポトマック Potomac「パタウメク族」アメリカ東部，ワシントンを流れる川
- カリブ Caribbean「カリブ族」中米の海，インディオの部族名
- ハバナ Havana「ハバナ族」中米，キューバの首都
- アマゾン Amazon「女戦士アマゾン族の川」流域面積705万 km^2 の世界1の川
- マナウス Manaus「マナウ族」ブラジル，アマゾン川中流の都市，河口から1300kmで標高21m
- ギアナ Guiana「ギアナ族（の土地）」南米北部の地域と高地，インディオの部族名，コナン・ドイル『失われた世界』の舞台，アウヤンテプイーテーブルマウンテンとエンジェルフォール
- カラカス Caracas「カラカス族」ベネズエラ北部の首都
- キト Quito「キト族」エクアドル北部の首都，赤道（equater）直下（写真Ⅲ-51）
- グアヤキル Guayaquil「グアンクビラ族」エクアドル中西部の同国最大の都市と湾
- パプア Papua「パプア族」太平洋南西部，ニューギニア島の別称

k．人名

＊都市を築いた人，住人，占領した人，都市としての資格を与えた人，島などを発見した当時の王や首相などにちなんだ地名

写真Ⅲ-53　カールスルーエ（浮田編 1974）

写真Ⅲ-54　アヴィニョン（菅家編 2011）

写真Ⅲ-55　バルセロナ（菅家編 2010）

- エディンバラ Edinburgh「エドウィン王の城市」イギリスのスコットランドの旧首都（写真Ⅲ-52）
- コヴェントリー Coventry「コウアン氏の木」イングランド中部の工業都市
- マンハイム Mannheim「マン氏の家」ドイツ南西部，ライン地溝帯の都市
- カールスルーエ Karlsruhe「カール侯の休憩所」ドイツ南西部，ライン川流域の計画都市（写真Ⅲ-53）
- オルレアン Orléans「オレリアヌス帝」フランス，パリ南部，ジャンヌダルクが活躍した所
- ロレーヌ lorraine「カロリンガ王朝のローテル 1 世」フランス北東部の地方・鉄山
- アヴィニョン Avignon「アヴェンニウスの都市」フランス南部，ローマ帝国時代の領主の名，童謡「アヴィニョンの橋」（写真Ⅲ-54）
- グルノーブル Grenoble「グラチアノ帝」フランス南東部，ローマ皇帝が都市の資格を与える
　　1968 年冬季オリンピックの開催地
- リエージュ Liège「レウデ氏」ベルギー東部，ミューズ川流域の工業都市
- バーゼル Basel「バレンティニア皇帝の都市」スイス北部，ライン川の河畔都市
　　ローマ皇帝バレンティニア 2 世にちなむ
- チロール Tirol「豪族テリオリス」オーストリア西部の地方
- バルセロナ Barcelona「バルカスまたはハンニバル将軍」スペイン東部の都市（写真Ⅲ-55）
　　カルタゴ軍が占領した時の軍事司令官にちなむ，1992 年のオリンピック・パラリンピック開催地

- ボローニャ Bologna「ボイアン王」イタリア北部，アペニン山脈北麓
    　　　前6世紀にボイアン王に占領される
- ブカレスト Bucharest「牧童ビュキュール一家」ルーマニアの首都
    　　　ワレキア盆地は14世紀まで牧草地
- プロエシュチ Ploesti「プロイエ氏の土地」ルーマニアの油田，首都ブカレストの北
- コンスタンツァ Constantsa「東ローマ帝国皇帝の妹コンスタンチアナ姫」ルーマニア南東部，黒海沿岸の都市
- エーゲ Aegean「エーゲ王の家」ギリシアとトルコとの間の海
    　　　アテネ王のエーゲが息子の戦死を聞いて入水
- ゴーリキー Gor'kii（現ニジニノヴゴロド）「大文豪マクシム＝ゴーリキー」ロシア西部，モスクワの東
- ドニプロペトロフシク Dnipropetrovsk「ドニプル川のペトロフスキー議長を記念する都市」ウクライナ南東部，アゾフ海北
- ハバロフスク Khabarovsk「探検家ハバロフの村」ロシア東部
    　　　アムール川（黒龍江）河畔の都市，神戸と同経度
- フィリピン Philippines「フィリップ2世」
    　　　スペインの植民地時代の皇太子フィリペ2世にちなむ
- カンボジア Cambodia「カムブ（クメール族の族祖）の国」東南アジア，カボチャ南瓜の由来
- プノンペン Pnompenh「ペンの丘」カンボジアの首都
    　　　ペンという女性を祭った寺が丘の上にある
- ニューデリー New Delhi「ディル王」インドの旧首都，ラジャ・デイル王が新市を建設
- カシミール Kashmir「英雄カシャバの海」インド・パキスタン・中国の国境紛争地帯
    　　　カシミア織りの産地
- サウジアラビア Saudi Arabia「サウド家のアラビア」アラビア半島の国
- コンスタンティーヌ Constantine「コンスタンティーヌ帝」アフリカ北部，アルジェリア北部
    　　　ローマ皇帝が再建した都市
- モンロビア Monrovia「モンロー大統領の都市」ギニア湾岸のリベリアの首都
    　　　モンローが植民地開放後の奴隷収容のため都市を建設
- ブラザビル Brazzaville「ピエール・ブラザの都市」アフリカ中部，コンゴ共和国の首都
    　　　フランスの探検家ピエール・ブラザが建設
- ルドルフ Rudolf「ルドルフ皇太子」アフリカ東部，ケニア北東部の湖
    　　　オーストリア・ハンガリー探検隊が発見し命名，トゥルカナ湖に変更
- ビクトリア Victoria「ビクトリア女王」ケニア・ウガンダ・タンザニア国境の湖
    　　　イギリスの探検家が発見した時の女王
- アルバート Albert「アルバート侯」（モブツ・セセ・セコ湖）ウガンダ・コンゴ民主共和国国境の大地溝帯の湖，ビクトリア女王の夫の名
- アンゴラ Angola「ヌゴラ王国」アフリカ中南部，バンツー族のヌゴラ（王の称号）が地名
    　　　ポルトガルの旧植民地になりポルトガル語読み
- ダーバン Durban「ダーバン総督」南ア共和国東部の港湾都市，イギリスの植民地時代の総督
- ヨハネスバーグ Johannesburg「ヨハネスリシカの都市」南ア共和国内陸部（写真Ⅲ-56）
    　　　金鉱を発見した測量所長の名
- オレンジ Orange「オレンジ公」南ア共和国とナミビアとの河川国境，1777年にオランダ調査隊が川を発見した時のオランダ国王の名
- ドーソン Dawson「ドーソン氏」カナダ北西部，アラスカ州との国境付近の都市と山
    　　　山を発見した地質学者の名
- バンクーバー Vancouver「ジョージ・バンクーバー」カナダ西岸，アメリカとの国境付近の都市，イギリスの探検家にちなむ

写真Ⅲ-56　ヨハネスバーグ（澁沢・佐野監　1986）

- ハドソン Hudson「探検家ヘンリー・ハドソン」カナダ北東部の湾・海峡
    ニューヨーク州東部に同名の川
- アルバータ Alberta「アルバータ姫」カナダの春小麦3州の一つ，ビクトリア女王の王女の名
- アメリカ America「アメリゴの国」探検家アメリーゴ・ベスプチウス（ベスプッチ）にちなむ
- フェアバンクス Fairbanks「フェアバンクス議員」アメリカ，アラスカ州中央部の都市
    アラスカ州の境界問題に功績を残す
- シアトル Seattle「酋長シーアト」アメリカ北西部，ワシントン州の都市，航空機工業が発達
- デンバー Denver「デンバー知事」アメリカ中部，コロラド州の州都
    カンザス州の知事の名にちなむ
- ダルース Duluth「ド・ルース氏」アメリカ北部，ミネソタ州のスペリオル湖岸の都市
    フランス人がここに入植した際の先駆者の名
- クリーブランド Cleveland「クリーブランド将軍」アメリカ北東部，オハイオ州のエリー湖南岸の工業都市，都市創設者の名にちなむ
- ペンシルベニア Pennsylvania「ペンの森の土地」アメリカ北東部，ワシントン北部の州
    植民地を建設したウイリアムペンにちなむ
- メリーランド Maryland「マリア王妃の土地」アメリカ東部の州
    イギリスのチャールズ1世の王妃にちなむ
- ボルチモア Baltimore「ボルチモア卿」アメリカ東部，メリーランド州の都市，メリーランド州を開拓した人の名
- ヴァージニア Virginia「エリザベス1世」アメリカ東部，ワシントン南西の州
    移民が上陸した土地で女王の雅号を転用，新天地を意味する
- セントルイス Saint Louis「ルイ9世王」アメリカ中部，ミズーリ州の都市，フランス系住民が建設した時の王の名
- ノースカロライナ North Carolina「北のチャールズ王」アメリカ東部の州
    イギリス国王チャールズ1世のラテン語化
- ジョージア Georgia「ジョージ（2世）王の土地」アメリカ南部の州，植民地として開拓させた王の名
- ルイジアナ Louisiana「ルイ14世のもの」アメリカ南部，ミシシッピ川河口の州
    フランス領になった時の王ルイジャンにちなむ
- ヒューストン Houston「ヒューストン将軍」アメリカ南部，テキサス州の都市
    メキシコとの独立戦争の指揮をとった人の名
- ダラス Dallas「ダラス副大統領」アメリカ南部，テキサス州の都市
    1845年から5年間の副大統領の名
- コロンビア Columbia「クリストファー・コロンブスの国」南米の共和国

資料2　世界の地名の由来　117

写真Ⅲ-57　シドニー（澁沢・佐野監 1986）

写真Ⅲ-58　アデレード（澁沢・佐野監 1986）

- ボゴタ Bogota「ボゴタ酋長」コロンビアの首都，インディオの酋長の名
- ボリビア Bolvia「シモン・ボリバルの国」南米の多民族国，独立運動の指導者の名
- フォークランド Folkland「フォークランド卿」アルゼンチン沖のイギリス領の諸島
    イギリスの政治家でアルゼンチンとの領土問題にあたった人の名
- トレス Torres「トレス氏」オーストラリアのヨーク岬半島とニューギニアとの海峡を発見したスペイン人の名
- カーペンタリア Carpentaria「カーペンテラ総督」オーストラリア北部の湾
    インドネシアの総督が湾の発見者と誤って伝えられ地名
- シドニー Sydney「シドニー卿」オーストラリア南東部，流刑植民地問題の担当者の名
    世界三大美港の一つ，2000年のオリンピック・パラリンピック開催地（写真Ⅲ-57）
- メルボルン Melbourne「メルボルン首相」オーストラリア南部の都市
    タスマニアからの流刑移民が都市を建設した時のイギリス首相の名
- タスマニア Tasmania「タスマン氏の地」オーストラリア南部の島，島を発見したオランダ人の名
- ダーリング Darling「ダーリング知事」オーストラリア南東部を流れる川
    イギリスの探検家スチュアートが出身地の県知事の名を命名
- アデレード Adelaide「アデレード妃」オーストラリア南部，英国王ウイリアム4世の妃（写真Ⅲ-58）
- スペンサー Spencer「スペンサー卿」オーストラリア南部，アデレード北西部の湾
    イギリスの探検隊が発見した当時の陸軍大臣の名
- オークランド Auckland「オークランド侯」ニュージーランド北島の北，都市を建設した人の名
- ソロモン Solomon「ソロモン王」太平洋メラネシアの諸島と国
    1576年にスペインの探検家が発見，聖書の伝説上の国を連想して命名
- ギルバート Girbert「ギルバート氏」太平洋ミクロネシア南東部の諸島，探検家の名
- カロリン Caroline「カルル2世」太平洋ミクロネシアの諸島
    スペインが自国領土として命名した時の王の名にちなむ
- マーシャル Marshall「マーシャル船長」太平洋中央部の諸島と共和国，探険をした船長の名にちなむ
- マリアナ Mariana「マリアナ妃」太平洋ミクロネシアの海溝・諸島
    マゼランが発見した際にスペイン王フィリップ4世の妃の名

1．宗教

- アトランティック Atlantic「アトラス神の海」大西洋
    ギリシア神話の大空を肩に受けて立つ巨人の神
- ハーロー Harrow「寺院」ロンドン北部の都市，パブリックスクールで有名
- プレストン Preston「僧侶の町」イングランド北西部，リバプール北の都市，同名は世界に40以上

写真Ⅲ-59 ニース（澁沢・佐野監 1986）

写真Ⅲ-60 サンマリノ（菅家編 2011）

写真Ⅲ-61 ラサ（菅家編 2011）

・ミュンスター Münster「修道院」ドイツ北西部の都市，モナステリウム（修道院）のある都市ムニストリが転訛
・ミュンヘン München「修道士」ドイツ南部，バイエルン州の州都，1972年のオリンピック開催地
・ニース Nice「勝利の女神ニケの都市」フランス南部
　　　カンヌ・モンテカルロとともにコートダジュールの保養地（写真Ⅲ-59）
・バチカン Vatican「神託の丘」イタリア，ローマ市内の独立国，カトリックの総本山
・サンマリノ San Marino「聖人マリヌス」アドリア海近くのイタリアの内陸国（写真Ⅲ-60）
・ペロポネソス Peloponnesos「ペロプス神」ギリシアの半島，馬車競争で不正をおかした神の島
・ソフィア Sofiya「神の霊・英知」ブルガリア西部の首都，上智大学は SOPHIA UNIVERSITY
・アルハンゲリスク Arkhangel'sk「大天使の都市」ロシア北西部，ミハイラ・アルハンゲラ（ミカエル大天使）の修道院による，白海に注ぐ北ドビナ川の河口
・ラサ Lāsà「神の国」チベット語のラ「神の」とサ「国」からなるチベット自治区の中心地
　　　ヒマラヤ山脈北麓，ポタラ宮殿（写真Ⅲ-61）
・ダッカ Dacca「実りの神ダッカ」バングラデシュの首都
・コルカタ Kolkata（カルカッタ Calcutta）「カリ女神の寺院」インド東部の都市
　　　ヒンドゥー語のカリカターシバ神の妻
・ビハール Bihar「寺院」インド北東部の州，オリッサ州とともに鉱産資源の産地
・ムンバイ Mumbai（ボンベイ Bombay）「ムンバの神（女神）」インド西部，マハーラーシュトラ州の州都
・パキスタン Pakistan「神聖な国」P：パンジャブ州，A：アフガン州，K：カシミール州，S：シント州の

資料2 世界の地名の由来　119

写真Ⅲ-62　メッカ①（菅家編 2010）

写真Ⅲ-63　メッカ②カーバの神殿（菅家編 2010）

写真Ⅲ-64　キリマンジャロ（世界遺産オンラインガイドHP 2019）

　　　四つの頭文字に由来
- バグダッド Baghdád「神の贈り物」イラクの首都，ペルシャ語のバグ「神」とダッド「贈り物」
    チグリス川中流の沃地
- イスラエル Israel「神と闘う人」イスラエルの12支族の族祖であるヤコブが天使と格闘してイスラエル
    の名をさずけられた
- アンマン Amman「アンモン神」ヨルダンの首都，牡の羊の頭と人間の胴をもつ最高神アンモナイトに由来
- ニコシア Nicosia「ニコ神の都市」地中海のキプロスの首都，古代ギリシアの勝利の女神
- メッカ Mecca「聖地」サウジアラビア西部，紅海よりやや内陸（写真Ⅲ-62），イスラム教マホメットの生誕地，
    カーバの神殿（写真Ⅲ-63）
- チュニス Tunis「都市の守護神－タニトフ神」地中海に面するチュニジアの首都
- キリマンジャロ Kilimanjaro「光り輝く山・寒気の神の山」アフリカ東部
    タンザニア北東部の国境付近，標高5895mのアフリカ最高峰（写真Ⅲ-64）
- セントローレンス Saint Lowrence「聖ローレンスの日」カナダの湾・川，発見当日が祝日
- サンフランシスコ San Francisco「聖フランシスコ会・フランシス伯」アメリカ西部の都市と湾，宣教師
    がここに伝導の基地聖フランシスコ会をおく，湾は1578年に入港したフランシス＝ドレイク伯にちなむ
- ロサンゼルス Los Angeles「天使」アメリカ南西部，1769年スペイン探検隊が川につけた地名
    南東部のアナハイムにディズニーランド
- サンディエゴ San Diego「聖ジェゴの日」アメリカ南西部の港湾都市
    スペイン人ドンファンが湾を発見した日
- サンタクルス Santa Cruz「聖なる十字架」中南米各地の都市・川・島の地名
- メキシコ Mexico「軍神メヒクトリ」→メヒコ→メキシコ，先住民の信仰した神にちなむ

写真Ⅲ-65　サンパウロ（渋沢・佐野監 1986）

写真Ⅲ-66　ケルン（菅家編 2011）

- エルサルバドル El salvador「救世主」中米の太平洋側の共和国
　　スペインのアルバラドがここを占領した時に神に感謝
- サンサルバドル San Salvador「聖なる救世主」中米，エルサルバドルの首都
- サンホセ San José「聖ヨゼフ」中米，コスタリカの首都
- ドミニカ Dominica「安息日」カリブ海の共和国，大アンチル諸島のイスパニョーラ島の東部
- サントドミンゴ Santo Domingo「聖なる安息日」中米，ドミニカ共和国の首都
- サンパウロ San Paulo「聖パウロ」ブラジル南東部，同国最大の都市（写真Ⅲ-65）　2014年サッカーワールドカップ開催地
- サントス Santos「聖人」ブラジル南東部，サンパウロ南部のコーヒーの積出港
　　都市の建設を始めた日にちなみ命名
- アスンシオン Asuncion「聖母昇天祭」南米内陸のパラグアイの首都
- サンティアゴ Santiago「聖ヤコブ」チリ中部の首都，世界に同名の都市が多い
- バルパライソ Valparaiso「天国の谷」スペイン語の Val「谷」と paraiso「天国」
　　チリ中部，首都サンティアゴの西の港湾都市
- ハワイ Hawaii「神の居る所」太平洋の十字路－交通の中継地
- トンガ Tonga「神聖な」南太平洋の王国，国の東部を日付変更線が通る
- グアム Guam「聖ヨハネ」アメリカ領の島，ミクロネシアのマリアナ諸島最大
　　マゼランがこの島を発見した日

m．その他

- ハーグ Hague「庭」オランダ南西部，1830年より同国の実質上の首都
- エッセン Essen「鍛冶屋の炉」ドイツ北西部，ルール工業地帯の都市
- ケルン Käln「植民地」ドイツ西部，ライン川の河畔都市（写真Ⅲ-66）
　　ローマ帝国の支配下にあったコロニア→ケルン，フランス語のコローニュ
- シュツットガルト Stuttgart「牝馬飼育場」ドイツ南部，市のシンボルは馬
- プロヴァンス Provence「属州」南フランスの地方，主要都市はマルセイユ
- スイス Swiss「酪農場」ドイツ語のシュバイツ，フランス語のスイスによる
- ユングフラウ Jungfrau「若い婦人」スイス中南部，アルプスの山
　　雪化粧をしてそびえ立つ美しさをたとえる
- アルメリア Almeria「監視塔」スペイン南部，地中海沿岸の都市
　　アラブ人が地中海を通過する船舶の監視にあたる
- マリョルカ Mallorca「大きい」地中海のスペイン領の島，ラテン語のマヨルは major，東にミノルカ「小さい」

- アンコーナ Ancona「肘(ひじ)」イタリアのアドリア海沿岸
    湾曲した海岸線の内側のすみにある都市
- マルタ Malta「地中海を行きかう船の避難所」地中海のシチリア島南の島国，首都はバレッタ
- マケドニア Makedonia「背の高い」旧ユーゴスラビア連邦の構成国，独立して共和国
    バルカン半島の地方名
- サラエボ Sarajevo「大邸宅の」ボスニア・ヘルツェゴビナの首都，1984年オリンピックの開催地
- ポーランド Poland「農牧地の国」スラブ古語の polie「平原・農牧地」に由来
- ウクライナ Ukraina「国境地方」ポーランドやルーマニアなどと国境を接する
- トビリシ Tbilisi「温暖な」黒海東部のジョージアの首都
- シルカ Shilka「乳のような」ロシア東部，アムール川の支流
    黄土の侵食作用で川が浮濁していることに由来
- ウラジオストク Vladivostok「東洋の領地」ロシア西端の日本海に面する都市
    以前は清国の領土
- ナホトカ Nakhodka「もうけ物，掘り出し物，拾い物」ロシア東部，ウラジオストクの西　地名の由来は不明
- モンゴル Mongol「勇猛な」モンゴル語のムングという部族名に由来
- ヤンゴン Yangon「戦いの終わり，平和」ミャンマーの旧首都，ビルマの時代はラングーン，現在の首都はネーピードー
- ラクナウ Lucknow「幸運を祈る」インド北部，ニューデリー南東部の都市
- クウェート Kuwait「閉じ込める」ペルシャ湾岸，16世紀にポルトガルの要塞が築かれ，城壁と大砲で海を監視した港をアルクウェート，港を中心に形成された国家がクウェート
- ベイルート Beirut「井戸」レバノンの首都，フェニキア語のベリトゥス「井戸」にちなむ
- サイダ（シドン）Saïda（Sidon）「漁場」レバノンの地中海沿岸の都市
    サウジアラビアからの石油パイプラインの終点
- アンカラ Ankara「宿泊地」トルコ内陸部の首都，通商路の要地で隊商（キャラバン）の宿泊地
- カイロ Cairo「勝利」エジプトの首都，都市を建設中に勝利の神である火星が接近
- アスワン Aswan「市場」エジプト南部，ナイル川の河畔都市
    古代エジプトのスワン「市場」がたったことから商人の町
- モロッコ Morocco「砦」アフリカ北西部の王国，ベルベル語のマラケシ「砦・要塞」に由来
- ブルキナファソ Burkina Faso「清廉潔白な人の国」アフリカ西部の内陸国，住民シモ族の言葉に由来
- コモロ Comoro「月」アフリカ大陸とマダガスカル島との間の共和国・諸島
    プトレマイオスの地図に「月の山」と表示，首都はモロニ
- モザンビーク Mozambique「船の集まる所」アフリカ南東部
    バスコダガマが到着した時にアラビアの交易船で賑わう
- ジンバブエ Zimbabwe「石の家」アフリカ南部の内陸国，旧ローデシア，ショナ語に由来
- カラハリ Kalahari「苦しみ」アフリカ南部の砂漠，コイサン語のカリカリ「苦しみ」が語源
- ウィントフック Windhoek「煙の場所」(ナマ語) アフリカ南部，ナミビアの首都
- ラブラドル Labrador「農民」カナダ東部の半島・高原・海
    1500年ポルトガル人がテラ＝デ＝ラブラドレス「農民の土地」と命名
- トロント Toronto「人の集まる場所」カナダ南東部，オンタリオ湖岸（写真Ⅲ-67）
- マニトバ Manitoba「偉大なる魂」カナダ中部の州と湖
    湖の島の名前でマニトバの神が住む島
- ウィニペグ Winnipeg「不潔な」カナダ，マニトバ州の湖と小麦の集散地
    流入する河川の汚れから命名
- フィラデルフィア Philadelphia「兄弟愛」ニューヨーク南，クエーカー教徒の理想

写真Ⅲ-67　トロント（澁沢・佐野監 1986）

写真Ⅲ-68　ブエノスアイレス（澁沢・佐野監 1986）

写真Ⅲ-69　キャンベラ（澁沢・佐野監 1986）

・フェニックス Phoenix「不死鳥」アメリカ南西部，アリゾナ州の州都
　　都市建設の際に古代住居を発見，そのよみがえり
・マイアミ Miami「巨大な」アメリカ南東部，フロリダ半島南部の川と都市
・ユカタン Yucatán「私は知らない」メキシコ東部の半島
　　半島を探検したコルテスが原住民に「ここはどこ」と聞いた時の返事 "Yu Ka tan"
・バルバドス Barbados「あごひげをはやした」カリブ海の小アンチル東端の島国
　　スペイン人がみた島の木の様子，首都はブリッジタウン
・エクアドル Ecuador(equator)「赤道」南米，赤道直下の国，首都はキト
・ラパス La Paz「平和」ボリビアの首都
　　スペイン人と対立していた部族が和解したことを記念して命名
・ブエノスアイレス Buenos Aires「順風」アルゼンチンの首都（写真Ⅲ-68）
　　聖書のなかの順風をよぶ聖母マリアによる
・パタゴニア Patagonia「獣人国」アルゼンチン南部，マゼランが原住民の様子から命名
・キャンベラ Camberra「キャンベラ牧羊農場」またはアボリジニの言葉で「会う場所－集会場」
　　オーストラリア南東部の首都（写真Ⅲ-69）

（牧　英夫編『世界地名ルーツ辞典』ほか）

おわりに

　古来，地図と地名は世界の人びとの生活と密接にかかわってきた。人類の歴史が地図に描かれ地名として刻まれており，人類の歴史そのものが地図と地名とのかかわりの歴史ともいえる。また，こうした地図と地名に基づいた地理的視野の拡大の歴史は，地理空間を把握するうえで重要な役割を果たしてきた。

　ところが，急速な情報化社会において，地域の独自性は失われ，画一的な文化が共有される時代になりつつある。地図と地名は，世界に共通する財産として，未来に継承されなければならない。

　ところで，1～6巻のジオとグラフィーの地理学の旅は，会話を通した二人の心の旅でもある。全6巻のなかで「……」の表現をおくことにより，読者の皆様の年齢や男女，立場，その時の心情などの違いで，さまざまな捉え方があると思われる。

　沈黙を意味するこの表現ではあるが，そこに感動や驚嘆，尊敬，同情，同意，納得，理解，承知，無視，反感，否定など，ジオとグラフィーの心の動きや感情を踏まえて解釈していただければと思う。それにより，ジオとグラフィーに対する受け止め方も異なってくる。読者の皆様それぞれのジオとグラフィー像をクリエイトしていただければ幸いである。

　最後になりましたが，本書の刊行をご快諾賜りました古今書院の橋本寿資社長に御礼を申し上げます。また，ご多忙のなか編集をご担当いただきました原 光一氏には，本書の構成等でご検討をいただき，ご教示を賜りました。重ねて厚く御礼を申し上げます。

　　2019年9月　　　　　　　　　　　　　　　　　　　　　　　　　　外山秀一

文献・資料

【文献・資料】

相賀徹夫編 1989『世界大アトラス』小学館.
池田末則ほか 1977『地名の知識100』新人物往来社.
池田末則・丹羽基二 1992『日本地名ルーツ辞典』創拓社.
石井素介・奥田義雄ほか監 1995『地理B』教育出版.
石原 正 1979「奈良絵図ハガキ」バーズアイ.
石原 正 1982「京都絵図その2」アトリエ・ホプリタイ.
井上ひさし 1986『四千万歩の男〈蝦夷編〉(上)・(下)』講談社.
梅原 猛・伊東俊太郎監 1993『森の文明・循環の思想－人類を救う道を探る－』講談社.
浦川 豪・桐村 喬 2015「主題図とその作成方法を学ぶ」浦川 豪監『GISを使った主題図 作成講座－地域情報をまとめる・伝える－』古今書院.
小川 豊 1992『宅地災害と地名』山海堂.
織田武雄 1984「オリテリウス 世界図」浮田典良編『週刊朝日百科 世界の地理 25』朝日新聞社.
織田武雄 1985「坤輿万国全図」大野盛雄編『週刊朝日百科 世界の地理 91』朝日新聞社.
織田武雄 1985「メルカトル 世界図」片倉もとこ編『週刊朝日百科 世界の地理 94』朝日新聞社.
織田武雄 1985「日本図(部分)」原口武彦編『週刊朝日百科 世界の地理 101』朝日新聞社.
織田武雄 1985「南瞻部洲大日本国正統図」川田順造編『週刊朝日百科 世界の地理 102』朝日新聞社.
織田武雄 1985「幕府撰 寛永日本図」田中二郎編『週刊朝日百科 世界の地理 105』朝日新聞社.
織田武雄 1985「改正日本輿地路程全図」寿里順平編『週刊朝日百科 世界の地理 112』朝日新聞社.
織田武雄 1985「伊能小図(西日本)」寿里順平編『週刊朝日百科 世界の地理 113』朝日新聞社.
織田武雄 1991「歴史の中の地図－世界像の広がり－」野上 毅編『朝日百科世界の歴史 7』朝日新聞社.
鏡味明克 1984『地名学入門』大修館書店.
鏡味完二 1964『日本の地名』角川書店.
菊地利夫 1984「大いなる半島」菊地利夫編『週刊朝日百科 世界の地理37』朝日新聞社.
木下紀正・富岡乃夫也・戸越浩嗣 2005『SiPSEによる3D衛星画像の作り方と読み方－日本の自然を空から見る』古今書院.
日下雅義 1988「河内平野の変化をたどる－歴史地理の方法－」石井 進編『都市と景観の 読み方』朝日新聞社.
高阪宏行・村山祐司編 2001『GIS－地理学への貢献－』古今書院.
古今書院編集部 2014『地理－歴史とGISの接点－』古今書院 59-9.
澤近十九一編 2008『世界地図101の謎』河出書房新社.
寒川 旭 1989「地震の痕跡を遺跡で探す」第3回「大学と科学」公開シンポジウム組織委員会編『新しい研究法は考古学に何をもたらしたか』クバプロ.
寒川 旭 1992『地震考古学』中央公論社.
島崎彦人 2015「いつでも，どこでも位置がわかる仕組み」浦川 豪監 2015『GISを使った主題図作成講座』古今書院.
島崎彦人 2015「宇宙や空から地球を観測する仕組み」浦川 豪監 2015『GISを使った主題図作成講座』古今書院.
松竹株式会社事業部編 2004『TROY』松竹株式会社.
菅家洋也編 2010『週刊世界遺産 2 フランス』講談社.
菅家洋也編 2010『週刊世界遺産 7 イタリア』講談社.
菅家洋也編 2010『週刊世界遺産 9 スペイン』講談社.
菅家洋也編 2010『週刊世界遺産 18 イタリア』講談社.

菅家洋也編 2010『週刊世界遺産 19 エクアドル』講談社.
菅家洋也編 2010『週刊世界遺産 24 スペイン』講談社.
菅家洋也編 2010『週刊世界遺産 25 アメリカ』講談社.
菅家洋也編 2010『週刊世界遺産 26 イタリア』講談社.
菅家洋也編 2010『週刊世界遺産 27 インド』講談社.
菅家洋也編 2010『週刊世界遺産 28 イタリア』講談社.
菅家洋也編 2011『週刊世界遺産 29 中国』講談社.
菅家洋也編 2011『週刊世界遺産 30 イタリア』講談社.
菅家洋也編 2011『週刊世界遺産 33 オーストラリア』講談社.
菅家洋也編 2011『週刊世界遺産 37 ハンガリー』講談社.
菅家洋也編 2011『週刊世界遺産 41 ドイツ』講談社.
菅家洋也編 2011『週刊世界遺産 44 フランス』講談社.
菅家洋也編 2011『週刊世界遺産 45 ロシア』講談社.
菅家洋也編 2011『週刊世界遺産 53 フランス』講談社.
菅家洋也編 2011『週刊世界遺産 54 チリ』講談社.
菅家洋也編 2011『週刊世界遺産 55 イタリア』講談社.
菅家洋也編 2011『週刊世界遺産 58 シリア』講談社.
菅家洋也編 2011『週刊世界遺産 66 イギリス』講談社.
菅家洋也編 2011『週刊世界遺産 69 チュニジア』講談社.
菅家洋也編 2011『週刊世界遺産 76 ドイツ』講談社.
菅家洋也編 2012『週刊世界遺産 77 ベネルクス三国』講談社.
菅家洋也編 2012『週刊世界遺産 79 ポルトガル』講談社.
菅家洋也編 2012『週刊世界遺産 100 日本』講談社.
杉浦昭典 1991「沿岸から大洋へ－航海術の発達－」野上 毅編『朝日百科 世界の歴史 7』 朝日新聞社.
杉本智彦 2002『カシミール 3D 入門』実業之日本社.
高信幸男 1993『難読稀姓辞典』日本加除出版.
高野 孟 1982『入門世界地図の読み方』日本実業出版社.
高橋伸夫編 1984『週刊朝日百科 世界の地理 13』朝日新聞社.
高橋 学・外山秀一 2000『環境考古学からみた災害と土地開発－京都・大阪－（CD 版）』 関西エネルギー・リサイクル科学振興財団助成研究成果報告書.
高橋 学・外山秀一・河角龍典 2000『環境考古学からみた都市計画と災害－奈良盆地－（CD 版）』大林都市研究振興財団助成研究成果報告書.
高橋 学・河角龍典 2007「長江中游澧阳平原的微地形環境与土地開发（図版）」湖南省文物考古研究所・国際日本文化研究中心『澧縣城頭山』文物出版社.
高松市教育委員会編 1992『讃岐国弘福寺領の調査』弘福寺領讃岐国山田郡田図調査報告書.
武井正明・武井明信 2015『図解・表解 地理の完成』山川出版社.
竹内啓一編 1986『週刊朝日百科 世界の地理 120』朝日新聞社.
武光 誠 1997『地名の由来を知る事典』東京堂出版.
谷岡武雄 1973『地理学への道』地人書房.
谷岡武雄監 1985『コンサイス世界地名事典（改訂版）』三省堂.
谷岡武雄・山口恵一郎監 1987『コンサイス日本地名事典（改訂版）』三省堂.
千葉徳爾 1983『新・地名の研究』古今書院.
辻原康夫 2009『世界地図から地名の語源を読む方法』河出書房新社.
都丸十九一 1987『地名のなはし』煥乎堂.
都丸十九一 1995『地名研究入門』三一書房.

西村睦二 1977『空中写真の手引き』日本地図センター.
丹羽基二 1988『地名の語源と謎』南雲堂.
根本恒夫・徳山雅記・石井 孝編 1993『C.G.ステレオグラム』小学館.
根本恒夫・徳山雅記・塚原伸郎編 1993『C.G.ステレオグラム 2』小学館.
久武哲也・長谷川孝治編 1993『地図と文化』地人書房.
藤岡謙二郎 1974『日本の地名』講談社.
古屋貴司 2015「地図について学ぶ」浦川 豪監『GISを使った主題図作成講座－地域情報をまとめる・伝える－』古今書院.
星田侑久 2013「WEB世界のイメージ」人文地理学会編『人文地理学事典』丸善出版.
星田侑久 2015「地理情報システム (GIS) とは」浦川 豪 2015『GISを使った主題図作成講座』古今書院.
堀 純一編 1984『週刊朝日 世界の地理 20』朝日新聞社.
牧 英夫編 1980『世界地名の語源』自由国民社.
町田 洋編 1986『週刊朝日百科 世界の地理 日本立体地図集』朝日新聞社.
松下正司 2004「草戸千軒町遺跡－発掘調査44年の軌跡－」考古学ジャーナル.
松山 洋編 2017『地図学の聖地を訪ねて』二宮書店.
丸善エンサイクロペデイア大百科編集委員会編 1995『大百科』丸善.
村山祐司・柴崎亮介編 2009『生活・文化のためのGIS』朝倉書店.
森 泰三 2014『GISで楽しい地理授業－概念を理解する実習から課題研究ポスターまで－』古今書院.
森岡 浩 2012『ルーツがわかる名字の事典』大月書店.
安田喜慶 1995「騎馬民族・巨大古墳と気候変動の深い関係」歴史街道.
柳田國男 1937『地名の研究』古今書院.
矢野桂司 1999『地理情報システムの世界』ニュートンプレス.
矢野桂司 2006『デジタル地図を読む』ナカニシヤ出版.
矢野桂司・中谷友樹・磯田 弦編 2007『バーチャル京都－過去，現在，未来への旅』ナカニシヤ出版.
矢野桂司 2009「エンタテイメントとGIS」村山祐司・柴崎亮介編 2009『生活・文化のためのGIS』朝倉書店.
矢野桂司ほか編 2011『京都の歴史GIS』ナカニシヤ出版.
山口恵一郎編 1974『地図と地名』古今書院.
山口恵一郎 1977『地名を考える』日本放送出版協会.
山口恵一郎・品田 毅編 1984『図説 地図事典』武揚堂.
歴史の謎研究会編 2007『大航海の世界地図』青春出版社.
アラン・ピーズ，バーバラ・ピーズ著・藤井留美訳 2000『話を聞かない男，地図が読めない女』角川書店.
カール・セーガン著・木村 繁訳 1980『COSMOS 上・下』朝日新聞社.
ギャヴィン・メンジーズ著・松本剛史訳 2003『1421－中国が新大陸を発見した年－』ソニーマガジンズ.
スウェン・ヘディン著・関 楠生訳 2005『さまよえる湖』白水社.
C.M.マシューズ著・出口保夫訳 1992『英語地名の語源』北星堂書店.

【地図・統計・写真資料】
市川正巳・西川 治・小峰 勇監修 1983『現代の地理①人類と地球』学習研究社.
市川正巳・西川 治・小峰 勇監修 1983『現代の地理④生活と地域』学習研究社.
石原 正 1982「京都絵図その2」アトリエ・ホプリタイ.
国土地理院 1975「2万分の1空中写真 (C32-30)」国土地理院.
国土地理院 1975「2万分の1カラー空中写真 (C28B-7)」国土地理院.
国土地理院 1994「2万5千分の1地形図 伊勢」国土地理院.
澁沢文隆・佐野金吾監修 1985『世界地理 アジア』学習研究社.
澁沢文隆・佐野金吾監修 1986『世界地理 南・北アメリカ』学習研究社.

澁沢文隆・佐野金吾監修 1986『世界地理 ヨーロッパ（EC）ロシアと近隣諸国』学習研究社．
澁沢文隆・佐野金吾監修 1986『世界地理 アフリカ・オセアニア』学習研究社．
日本地図センター編 1987『カラー空中写真 判読基準カード集』日本地図センター．
日本地図センター編 1988『地形図 図式画報』日本地図センター．
日本地図センター編 1989『地形図の手引き』日本地図センター．

【新聞記事】
「伊能忠敬 歩いて作った日本地図」中日新聞社 2000.9.24.
「全国の市町村数の推移」中日新聞社 2005.4.10.
「最悪津波 想定超す」朝日新聞社 2012.4.1.
「太郎丸〜五郎丸ずらり」中日新聞社 2015.11.27.

【インターネット資料】
「安曇川北流のやな瀬」2018 びわ湖芸術文化財団 https://www.biwako-arts.or.jp.
「生まれ年別名前ベスト10」2019 明治安田生命 https://www.meijiyasuda.co.jp.
「追分」2016 マピオン https://www.mapion.co.jp.
「追分」2018 東信州中山道 https://www.higashi-shinshu-nakasendo.com.
「大歩危・小歩危」2018 祖谷の風景 7fuku-junrei.net.
「鎌倉市腰越」2016 http://memorva.jp.
「キリマンジャロ」2019 世界遺産オンラインガイド http://woldheritagesite.xyz.
「銀座」2008 ZENRIN https://www.zenrin.co.jp.
「月食のしくみとはたらき」2018 日本博物館協会 http://www.j-muse.or.jp.
「塩ノ山」2019 InfoAtras www.mapbinder.com.
「渋谷駅と渋谷川」2019 Shibuya1000 www.shibuya1000.jp.
「十三塚原」2018 Wikipedia https://ja.wikipedia.org.
「人工衛星の数」2018 https://sociorocketnews tiles wordpress.com．
「杉谷周辺の地図」2016 Yahoo!地図 http://map.yahoo.co.jp.
「高見」2016 Yahoo!地図 https://map.yahoo.co.jp.
「蓼科山」2019 https://skyticket.jp.
「同姓同名辞典」「平成名前辞典」アドビシステムズ（株）2018 www.douseidoumei.net.
「遠見山からの景色」2019 YAHOOブログ https://blogs.yahoo.co.jp.
「瀞峡」2006 和尚の大和路 https://blog.goo.ne.jp.
「ナイアガラ」2018 PEACE DAY http://yuuma7.com.
「長瀞」2018 E壁紙 e-kabe.sakura.ne.jp.
「名前ランキング 生まれ年別名前ベスト10」2016 明治安田生命 http://www.meijiyasuda.co.jp.
「バーチャル京都3Dマップ」2019 www.dwuchgis.com.
「吹上」2018 Mapion 地図データ https://www.mapion.co.jp.
「吹屋」2018 岡山観光連盟 https://www.okayama-kanko.jp.
「富士山や伊豆半島を描いたコンピュータマップ」2019 国土地理院 https://maps.gsi.go.jp.
「香港の夜景」2018 HONGKONGnavi https://www.hongkongnavi.com.
「マウナ・ロア山」2018 Wikipedia https://ja.wikipedia.com.
「南半球に住む人がつくった世界地図」2019 Ameba https://ameblo.jp.
「目黒行人阪之図」2018 国立国会図書館 https://www.ndl.go.jp.
「八木・八木町，五ヶ山付近，北海道追分の地図」2016 マピオン http://www.mapion.co.jp.
「若宮島」2019 Wikipedia https://ja.wikipedia.org.

「惑星大集合」2019 http://biogs,yahoo.co.jp.
「Google Earth」Google HP 2019 http://www.google.com .

【ビデオ・CD・DVD映像資料】
写真化学 1997a「Space Walk from LANDSAT」.
写真化学 1997b「Space Walk Japan」.
写真化学 1997c「ランド撮図 近畿編」.
マイクロソフト 2001「エンカルタ百科地球儀」.
NHK 2003 技〜極める「鳥の眼で描く街」.
NHK 2015 クローズアップ現代「"地図力"が社会を変える！」.
NHK 2018 歴史秘話ヒストリア「伊能忠敬 究極の日本地図」.
NHK BS 2016 コズミックフロント NEXT「天文学を180度変えた男 コペルニクス」.
TBS 2004 世界ふしぎ発見「1421 めざせ新大陸」.
20世紀FOX 2015「オデッセイ」.

著者紹介

外山秀一（とやま　しゅういち）

1954年　宮崎県生まれ．
帝京大学山梨文化財研究所 古植物・地理研究室長を経て，
現在，皇學館大学文学部教授．博士（文学）（立命館大学）．
専門：地理学・環境考古学．
主要業績：『遺跡の環境復原』古今書院
　　　　　『自然と人間との関係史』古今書院
　　　　　『ジオとグラフィーの旅 1 環境と人の旅』古今書院
　　　　　『ジオとグラフィーの旅 2 自然の旅』古今書院
　　　　　『ジオとグラフィーの旅 3 人の旅』古今書院
　　　　　『ジオとグラフィーの旅 4 衣食住の旅』古今書院
　　　　　『ジオとグラフィーの旅 5 東アジアとヨーロッパの旅』古今書院（以上，単著）
　　　　　『日本文化のなかの自然と信仰』大神神社（共著）
　　　　　『古代の環境と考古学』古今書院
　　　　　『講座 文明と環境 3 農耕の起源』朝倉書店
　　　　　『縄文文明の発見−驚異の三内丸山遺跡−』ＰＨＰ研究所
　　　　　『講座 文明と環境 5 文明の危機』朝倉書店
　　　　　『空から見た古代遺跡と条里』大明堂
　　　　　『現代の考古学 3 食糧生産社会の考古学』朝倉書店
　　　　　『韓国古代文化の変遷と交渉』書景文化社
　　　　　『The Origins of Pottery and Agriculture』Roli Books
　　　　　『環境考古学ハンドブック』朝倉書店
　　　　　『地形環境と歴史景観−自然と人間の地理学−』古今書院
　　　　　『近畿Ⅰ　地図で読む百年』古今書院
　　　　　『澧縣城頭山』文物出版社
　　　　　『アジアの歴史地理 1 領域と移動』朝倉書店
　　　　　『縄文時代の考古学 3 大地と森の中で』同成社
　　　　　『Water Civilization』Springer
　　　　　『環境の日本史 2 古代の暮らしと祈り』吉川弘文館
　　　　　『人間と環境』（ハングル）韓国考古環境研究所ほか　（以上，分担執筆）

書　名	ジオとグラフィーの旅　6　地域情報の旅
コード	ISBN978-4-7722-4214-1 C1025
発行日	2019年10月10日　初版第1刷発行
著　者	外山秀一　©2019 TOYAMA Shuichi
発行者	株式会社古今書院　橋本寿資
印刷者	太平印刷社
発行所	古今書院　〒113-0021　東京都文京区本駒込 5-16-3
電　話	03-5834-2874
ＦＡＸ	03-5834-2875
URL	http://www.kokon.co.jp/

検印省略・Printed in Japan

いろんな本をご覧ください
古今書院のホームページ

http://www.kokon.co.jp/

★ 800点以上の**新刊・既刊書**の内容・目次を写真入りでくわしく紹介
★ 地球科学やGIS，教育など**ジャンル別**のおすすめ本をリストアップ
★ **月刊『地理』**最新号・バックナンバーの特集概要と目次を掲載
★ 書名・著者・目次・内容紹介などあらゆる語句に対応した**検索機能**

古今書院

〒113-0021　東京都文京区本駒込 5-16-3
TEL 03-5834-2874　FAX 03-5834-2875
☆メールでのご注文は order@kokon.co.jp へ